Cocinas y Baños
Cucine e Bagni
Kitchens and Bathrooms

Director Editorial • Direttore Editoriale • Publishing Director
Nacho Asensio

Redacción • Redazione • Editor
Joana Furió

Documentación • Documentazione • Documentation
Agnès Gallifa Hurtado

Diseño y maquetación • Design e grafica • Design and Layout
Núria Sordé Orpinell

Diseño de portada • Design della copertina • Cover Design
Carlos Gamboa Permanyer

Traducción • Traduzione • Translation
Laura Renzetti (italiano)
Bill Bain (English)

Producción • Produzione • Production
Juanjo Rodríguez Novel

Cocinas y Baños
Cucine e Bagni
Kitchens and Bathrooms

IIII

Cocinas
Índice

Cucine
Indice

Kitchens
Contents

INTRODUCCIÓN	6	INTRODUZIONE	6	INTRODUCTION	6
MODERNAS	14	MODERNE	14	MODERN	14
ISLAS	94	ISOLE	94	ISLANDS	94
DE DISEÑO	110	DE DESIGN	110	DESIGNER KITCHENS	110
RÚSTICAS/CLÁSICAS	140	CLASSICHE/RUSTICHE	140	RUSTIC/CLASSIC	140
ELECTRODOMÉSTICOS	208	ELETTRODOMESTICI	208	ELECTRICAL APPLIANCES	208
SOLUCIONES PARA EL ORDEN	264	SOLUZIONI PER L'ORDINE	264	SOLUTIONS FOR ORDERING	264
ARMARIOS	266	ARMADI	266	CLOSETS	266
CAJONES	292	CASSETTONI	292	DRAWERS	292
DESPENSA	312	DISPENSA	312	PANTRY	312
ILUMINACIÓN	324	ILLUMINAZIONE	324	LIGHTING	324
ÁREAS DE LA COCINA	346	AREE DELLA CUCINA	346	KITCHEN AREAS	346
PREPARACIÓN	348	PREPARAZIONE	348	PREPARATION	348
LAVADO	364	LAVAGGIO	364	WASHING	364
COCCIÓN	382	COTTURA	382	COOKING	382

Baños
Índice

Bagni
Indice

Bathrooms
Contents

MODERNOS	398	*MODERNI*	*398*	MODERN	398
RÚSTICOS Y CLÁSICOS	466	*CLASSICI E RUSTICI*	*466*	RUSTIC AND CLASSIC	466
MUEBLES	482	*MOBILI*	*482*	FURNISHINGS	482
LAVABOS	518	*LAVANDINI*	*518*	WASHBASINS	518
SANITARIOS	552	*SANITARI*	*552*	BATHROOM FITTINGS	552
ACCESSORIOS	572	*ACCESSORI*	*572*	ACCESSORIES	572
GRIFERIA	584	*RUBINETTERIA*	*584*	PLUMBING MATERIALS	584
BAÑERAS	598	*VASCHE*	*598*	BATHTUBS	598
DUCHAS	618	*DOCCE*	*618*	SHOWERS	618
ILUMINACIÓN	630	*ILLUMINAZIONE*	*630*	LIGHTING	630

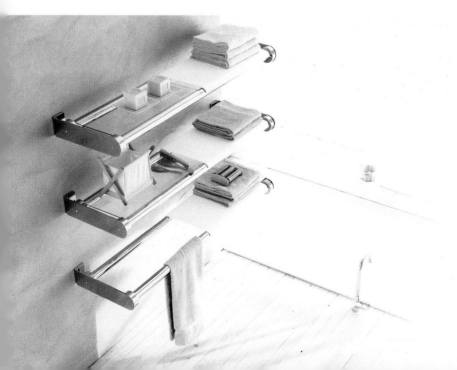

Introducción

La cocina y el baño son las dos estancias de la casa que mejor transmiten el espíritu de una época, más que el salón o los dormitorios, donde es fácil que, por sentimentalismo, se perpetúe la presencia de muebles, lámparas y cuadros heredados de padres a hijos sin someterlos al inapelable escrutinio de la funcionalidad.

Por esta razón, por mucho que a tenor de los años se alternen en el mercado lo clásico y lo moderno para fabricar escenificaciones de nuestro ideal hogareño, lo cierto es que una observación desapasionada de los componentes de estas habitaciones esenciales nos revelará su grado de armonía con los tiempos, no ya en su vertiente estética, (nos encontramos en el siglo del «todo vale»), sino social. Teniendo en cuenta que tanto la cocina como el baño son espacios eminentemente prácticos, asociados a la reproducción de la vida cotidiana y la higiene diarias respectivamente, no cabe prescindir de ningún avance tecnológico por mucho que nos agrade soñar con tiempos donde ya se desarrollaba a un ritmo menos exigente que el nuestro. O también podría ser que nuestro imaginario se elevara a una dimensión ideal de futuro donde las tareas más penosas, por rutinarias, serían abolidas y dejarían de formar parte de nuestras obligaciones. Sin embargo, no por ello diríamos adiós a los electrodomésticos que tanto han hecho por nuestro bienestar; ni al agua caliente que nos permite mantener una higiene del cuerpo y el entorno que hoy día es también sinónimo de salud.

Ahora que todos estos logros son bienes asequibles para la mayoría, la innovación ya no consiste en crear nuevos artilugios que sustituyan tareas realizadas manualmente, sino en refinar sus prestaciones conjugando utilidad y belleza en una fusión donde, por una parte, el diseño asume el rol que antes cumplía una artesanía supeditada a la tradición mientras que la tecnología se encarga de presentar soluciones, invisibles o anodinas a primera vista, para apoyar esas visiones que configuran nuestro ideal de vida.

En su vertiente práctica, la citada conjunción de belleza y técnica se vislumbra en la estructuración del espacio. La cocina, principalmente, se erige en campo de pruebas de todos los avances en el sector. Tanto si es moderna, rústica, de diseño o tecnológica, la distribución de los espacios internos será un examen público de nuestra capacidad de organización. Si en materia de electrodomésticos asistimos a la introducción masiva de la electrónica, que rehuye los adornos superfluos dejando que las prestaciones acaparen el calificativo de lujo, el interior de armarios y cajones reniega del vacío y de la generalización despectiva del término «cajón de sastre» para revestirse de una misión armonizadora de la que emana una jerarquía propia para cada hogar donde los objetos ocuparán el lugar que les corresponda según su frecuencia de uso. Los ojos se nos abren como platos de admiración y deseo ante la visión de esos cajones con módulos encajados para albergar frascos con especias y legumbres, con sus orificios para los cuchillos o incluso con tomas de corriente para los pequeños electrodomésticos. Por no hablar de la calidad y la variedad de los materiales y acabados, estudiados y calibrados hasta el más mínimo detalle para soportar pesos y tamaños

sin arruinar el proyecto de conjunto. Los rincones han dejado de ser el equivalente del «agujero negro» cósmico para cumplir con su parte como garantes del orden mediante la inclusión de baldas extraíbles o giratorias en módulos pensados como piezas independientes. Múltiples soluciones en los sistemas de cierre o iluminación interna de armarios y vitrinas culminan una larga colección de aciertos que satisfacen por igual a los amantes del estilo urbano clásico o del post-moderno y colorista, reacio a seguir las reglas establecidas.

Las dos últimas décadas del siglo XX nos dejaron como herencia el culto al cuerpo y la preocupación por la salud como una responsabilidad individual. Si la cocina se organiza con la asepsia de un laboratorio donde elaborar los menús más saludables, el cuarto de baño deja de ser aquella ingrata pieza a la que nuestros abuelos daban el nombre de «excusado» para devenir un santuario del bienestar. Por más que los muebles o sanitarios se disfracen de un estilo u otro, rindiendo homenaje a los tiempos que mejor casan con los ideales de sus propietarios, resultará imposible sustraerse a la seducción de los nuevos diseños, máxime cuando éstos ofrecen todo un repertorio de propuestas cuyas virtudes salutíferas nos elevan a cotas que rayan lo sublime.

Si el humilde plato de ducha adquiere cualidades de excelencia con materiales que permiten crear superficies extraplanas, además de despedirse del blanco como color normativo, las bañeras (empotradas, adosadas o exentas) se dotan de múltiples formas y colores y, con las minipiscinas, de ingenios ocultos que convierten el baño, más que en un placer esporádico, en una experiencia espiritual repetible a voluntad. Respaldos, asas y fondos antideslizantes velan por la seguridad física del usuario, masajeado por aguas controladamente turbulentas, mientras la música que brota del altavoz disponible en algunos modelos, transforma el baño en una sesión de músicoterapia. En otro orden de cosas, las cabinas de hidromasaje o sauna constituyen la alternativa para quienes desean cuidarse pero cuentan con menos espacio en el cuarto de baño.

Los accesorios y la iluminación también forman parte de la preocupación por crear un ambiente adecuado a su función. Los primeros acostumbran a ser una derivación del estilo general si bien logran singularizarse gracias al rigor conceptual con que han sido ideados. En muchos casos, un simple colgador, una grifería o un estante combinan con tino gracia y utilidad trascendiendo su concreta funcionalidad para adquirir la prestancia de una pequeña escultura. Una correcta disposición de la luz, desglosada en luces puntuales y generales, creará el entorno más acorde con el estilo elegido para cada pieza. Aquí, las propuestas van del convencionalismo de un modelo en serie a la extravagancia de una lámpara «de autor», siempre a la búsqueda de unas señas de identidad propias entre lo mejor que nos ofrece el mercado.

Naturalmente, la visualización del estilo y los componentes que mejor traducen nuestra identidad no puede desmarcarse del ajuste de una serie de imponderables (presupuesto, superficie, distribución, miembros de la familia,...) sin los cuales no conseguiríamos llevar a buen término el proyecto que nuestra imaginación tan felizmente anticipa.

Introduzione

La cucina e il bagno sono certamente le due stanze che meglio trasmettono lo spirito di un'epoca, più del salotto o delle camere da letto, dove è facile che, per certo sentimentalismo, si tenda a perpetuare la presenza di mobili, lampade e quadri ereditati dai genitori ai figli senza che vengano sottomessi all'inappelable scrutinio della funzionalità.

Per questo motivo, nonostante con il passare degli anni si siano alternati sul mercato lo stile classico e quello moderno nelle proposte dei fabbricanti per i modelli del nostro ideale di appartamento, la cosa certa è che, se osserviamo i componenti di queste camere, noteremo che sono in perfetta armonia con i tempi, non solo sotto l'aspetto estetico (ci troviamo nel secolo in cui vale la regola del "tutto è concesso"), ma anche sociale. Tenendo in considerazione che sia la cucina che il bagno, sono spazi essenzialmente pratici, associati all'alimentazione e all'igiene quotidiana, non necesariamente dobbiamo prescindere dai progressi tecnologici anche se ci piacerebbe sognare con un mondo in cui i ritmi della quotidianità siano meno esigenti. Oppure potrebbe anche avvenire che il nostro immaginario si elevasse a una dimensione ideale di futuro in cui i compiti di routine più penosi vengono aboliti e non saranno più obblighi. Tuttavia, non per questo rinunceremo agli elettrodomestici che hanno fatto tanto per il nostro benessere né all'acqua calda che ci consente di mantenere un'igiene corporale e l'ambiente che oggi giorno è anche sinonimo di salute.

Al giorno d'oggi queste innovazioni sono beni accessibili a tutti, di conseguenza l'innovazione tecnologica non consiste più solo nel creare nuovi strumenti che sostituiscano i lavori manuali, ma ha il compito di migliorare le proprie prestazioni coniugando utilità e bellezza dove, da una parte il design assume il ruolo che prima adempiva un artigianato che si rimetteva alla tradizione e dall'altra la tecnologia si incarica di fornire soluzioni, invisibili a prima vista, per appoggiare quei desideri che danno vita al nostro modo di vivere ideale.

Dal punto di vista più pratico, la citata congiunzione di bellezza e tecnologia è evidente nella strutturazione dello spazio. La cucina, in particolare, è un vero e proprio campo di prova per tutti i progressi del settore. Infatti, sia nel caso in cui si tratti di una cucina moderna, rustica, di design o tecnologica, la distribuzione degli spazi interni sarà un vero e proprio esame per la nostra capacità di organizzazione. Se in materia di elettrodomestici assistiamo all'introduzione massiva dell'elettronica, che rinnega gli adorni superflui lasciando che le prestazioni accaparrino il qualificativo di lusso, l'interno di armadi e cassetti rinnega il vuoto per acquisire una missione armonizzatrice da cui emana una gerarchia propria per ogni casa, dove gli oggetti occupano il luogo che corrisponde loro a seconda della frequenza con cui vengono utilizzati. Ci sorprenderemo ad ammirare la visione di questi cassetti con moduli incastrati per contenervi contenitori con spezie e legumi, con orifici per i coltelli o con prese di corrente per i piccoli elettrodomestici. Per non parlare della qualità e la varietà dei materiali e rifiniture, studiati e calibrati nei minimi dettagli per sopportare pesi e misure senza rovinare il progetto d'insieme. Gli angoli non sono più l'equivalente del "buco nero" cosmico per adem-

piere con il proprio dovere di garanti dell'ordine mediante l'inserimento di mensole estraibili o girevoli in moduli pensati come pezzi indipendenti. Molteplici soluzioni nei sistemi di chiusura o illuminazione interna degli armadi e vetrine culminano una lunga collezione di successi che soddisfano sia gli amanti dell'urban style che quelli del post-moderno e colorista, contrari a seguire le regole stabilite.

Le due ultime decadi del XX secolo ci lasciano in eredità il culto del corpo e la preoccupazione per la salute come responsabilità individuale. Se la cocina viene organizzata con la asepsi di un laboratorio dove si elaborano i menu più salutari, la stanza da bagno abbandona lo status di stanza "tabù" e diventa un santuario del benessere. Sebbene i mobili o i sanitari si avvicinino a uno stile o a un'altro, rendendo omaggio ai tempi che meglio si sposano con gli ideali dei proprietari, sarà comunque impossibile sottrarsi alla seduzione dei nuovi disegni, sopratutto quando questi offrono tutto un repertorio di proposte le cui virtù salutari si elevano a livelli che sfiorano il sublime.

Se l'umile piatto doccia acquista qualità eccellenti con l'utilizzo di materiali che consentono di creare superfici ultrapiatte, oltre a liberarsi del bianco come colore dominante, le vasche (a muro, appoggiate o separate) acquistano diverse forme e colori e, con le minipiscine, di ingegni occulti che convertono il bagno più che in un piacere sporadico, in una vera e propria esperienza spirituale che possiamo ripetere tutte le volte che desideriamo. Spalliere, maniglie e fondi antiscivolamento garantiscono la nostra sicurezza fisica, mentre ci facciamo massaggiare da acque moderatamente turbolente e mentre ascoltiamo la musica che proviene dalle casse disponibili in alcuni modelli, trasformano il bagno in una sessione di musicoterapia. Le cabine di idromassaggio e la sauna costituiscono l'alternativa per coloro i quali desiderano curarsi ma hanno a disposizione meno pspazio.

Anche gli accessori e l'illuminazione fanno parte degli elementi da prendere in considerazione nel momento in cui si vuole creare un ambiente adeguato alla loro funzione. I primi di solito sono una derivazione dello stile generale anche se spesso riescono ad essere molto particolari grazie al rigore concettuale con cui sono stati ideati. In molti casi, un semplice appendipanni, una rubinetteria o una mensola combinano tra loro con grazia a prescindere dalla loro funzionalità concreta e acquistano la prestanza di una piccola scultura. Una disposizione corretta della luce, distribuita in luci puntuali e generali, creerà l'ambiente più consono allo stile scelto per ogni pezzo. In questo senso le proposte vanno dal convenzionalismo di un modello in serie alla stravaganza di una lampada "d'autore", sempre in cerca di un qualcosa di speciale tra tutto ciò che di meglio offre il mercato.

Naturalmente, la visualizzazione dello stile e i componenti che meglio traducono la nostra identità non possono evitare di doversi aggiustare ad una serie di elementi imponderabili (preventivo, superficie, distribuzione, membri della famiglia,...) senza i quali non riusceremmo a portare a buon fine il progetto che la nostra immaginazione ci aveva anticipato.

Introduction

The kitchen and the bathroom are the two rooms in the house that best transmit the spirit of an age. More than the living room or the bedrooms, where it is easy to wax sentimental and accumulate furniture, lamps, and paintings passed down from parents to children, the bathroom allows a greater scrutiny of our possessions in terms of function.

This is why, no matter how much the passage of time alternates the classical and the modern in setting the stage for our ideal home, it is undeniable that an objective view of the components of kitchens and baths reveals their degree of harmony with the times. And this is true not in the aesthetic sphere (we live in the century where anything goes), but in the social. Taking into account that both kitchen and bath are eminently practical spaces--associated with the ongoing nature of daily life and hygiene--we may pamper ourselves with technological advances and still indulge our love of dreaming of times past where things were done at a less demanding pace than in our own age. It might also be that our imaginations rise up into an ideal dimension in thoughts of the future, where the most undesirable tasks (by way of their routine nature) would be abolished and cease to be part of our obligations.

However, this is not the reason we might bid goodbye to the electric appliances that have contributed so much to our wellbeing, or to the hot water that allows us to keep up our corporal hygiene and the daily setting that is now synonymous with health.

Now that all these achievements are attainable goods for most of us, the innovation no longer consists in creating new gadgets that substitute manual tasks, but in refining their performance, conflating utility and beauty in a fusion where design assumes the role once played by a subdued artistry while technology handles the creation of new solutions--invisible or anodyne at first sight--to support these visions that comprise our ideal of life.

On the practical side, the aforementioned blend of beauty and technique may be glimpsed in our structuring of space. The kitchen, especially, serves as testing ground for all the advances in the field. Whether modern, rustic, designermade, or technological, the distribution of interior spaces will be a public challenge for our organizational skills. If electric appliances now take us into the world of electronics, shunning superfluous ornamentation and letting things practical monopolize the luxury role, the insides of closets and drawers renounce being relegated

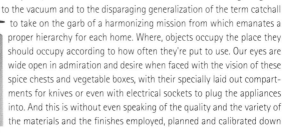

to the vacuum and to the disparaging generalization of the term catchall to take on the garb of a harmonizing mission from which emanates a proper hierarchy for each home. Where, objects occupy the place they should occupy according to how often they're put to use. Our eyes are wide open in admiration and desire when faced with the vision of these spice chests and vegetable boxes, with their specially laid out compartments for knives or even with electrical sockets to plug the appliances into. And this is without even speaking of the quality and the variety of the materials and the finishes employed, planned and calibrated down

to the last detail to carry weights and hold sizes without spoil-
ing the look of the overall project. The nooks and crannies have
ceased to be associated with the cosmic "black hole" and taken on their fair share as guar-
antors of order: they include removable or swiveling shelves in modules planned as independent pieces. Many solutions in the internal closure or lighting systems of closets and dressers are
the culmination of a large set of solutions that satisfy both the lover of classical urban style and
the colorist post-modernist, reluctant to follow the herd.

The last two decades of the twentieth century left us the heritage of the body cult and concern
with health as an individual responsibility. If the kitchen is aseptically organized like a labora-
tory where the healthiest menus are created, the bathroom ceases to be that disagreeable room
our grandparents called the privy and becomes a sanctuary of wellbeing. No matter how much
the furnishings and fittings take on one look or another, paying homage to the times that best
reflect the ideals of their owners, it still becomes impossible to avoid the seduction of the new
designs, especially when they offer a whole wide repertory of proposals whose wholesome
virtues take us up to heights that verge on the sublime.

If the humble shower plate acquires qualities of excellence with materials that
make it possible to create extra-flat surfaces as well as to make normative white re-
dundant, the tubs (recessed, semi-detached or open) are doted with different shapes
and colors. And with the mini-pools, additional devices make bathing, more than a
sporadic pleasure, a spiritual experience to be repeated at will. Backrests, handles, and non-slip
surfaces safeguard the user, massaged by controlled water turbulence, while the music that is
piped in over the speaker available in some models transforms the bath into a music therapy
session. Hydromassage cabins or saunas are also available, constituting an alternative for
those who wish to take care of themselves but have less bathroom space.

The accessories and lighting also make up part of the concern for creating a space adequate to
their use. The first ones manufactured were usually derived from the general style, although
they took on a singular look thanks to the conceptual vigor of their design. In many cases, a
simple hook, a faucet, a shelf combine with skilful grace and utility, transcending their specific
original purpose and doubling as a small piece of sculpture. A correct lighting arrangement of
spots combined with more general lights, will create an environment more in keeping with the
style chosen for each room. Here, the choices range from the conventional look of a one-of
model to the extravagance of an "authored" lamp. Thus, the search is always for features of a
unique identity chosen from the best the market has to offer.

Style visualization and those components that best define our identity cannot avoid the
reality of a series of unknowns (budget, surface area, distribution, family size...) without
which we would not manage to bring the project our imagination so happily con-
templates to its proper closure.

Cocinas
Cucine
Kitchens

Modernas *Modernas* Modern

De Diseño *Di Design* Designer Kitchens

Clásicas/Rústicas **Classiche/Rustiche**
Rustic/Classic

Electrodomésticos *Elettrodomestici* Electrical Appliances

Soluciones para el orden *Soluzioni per l'ordine*
Solutions for Ordering

Iluminación *Illuminazione* Lighting

Áreas de Cocina *Aree della cucina* Kitchen Areas

Modernas / *Moderne*
Modern

El estilo moderno aprovecha y hace suyas todas las innovaciones y se permite reformular a conveniencia las aportaciones de estilos anteriores. La combinación libre de materiales, colores, alturas y líneas rompe la monotonía de la estructura modular, permitiendo una transición agradable en las cocinas abiertas a otras dependencias de la casa

Lo stile moderno fa sue tutte le innovazioni e consente di riformare a convenienza quanto apportato dagli stili precedenti. La combinazione libera dei materiali, dei colori, delle altezze e delle linee rompe la monotonia della struttura modulare, consentendo una transizione gradevole alle cucine aperte alle altre camere della casa.

The modern style exploits all things new and makes them its own, allowing convenient reformulation of what has been achieved by previous styles. The free combination of materials, colors, heights, and lines breaks the monotony of the modular structure to allow a pleasant transition in open kitchens to the other rooms of the house.

En página anterior
Mod. Pia de Nobilia.

Nella pagina precedente
Mod. Pia di Nobilia.

Previous page:
Nobilia Pia Mod.

Cocina en un frente de Casawell.

Cucina a un lato unico di Casawell.

Range in a Casawell base cabinet.

Mod. Avant de Nolte.

Mod. Avant di Nolte.

Nolte Avant Mod.

Cocina con isla de
trabajo de Tielsa.

*Cucina con isola di
lavoro di Tielsa.*

Tielsa kitchen island.

Mod. Como de Nolte.

Mod. Como di Nolte.

Nolte Como Mod.

Mod. Star 271 de Nolte.

Mod. Star 271 di Nolte.

Nolte Star 271 Mod.

Cocina con isla de trabajo
de Alno.

*Cucina con isola di lavoro
di Alno.*

Alno L-shaped kitchen.

Cocina en L de Alno.

Cucina a l di Alno.

Alno small L-shaped kitchen.

Mod. Ravenna de Nolte.   *Mod. Ravenna di Nolte.*   Nolte Ravenna Mod.

Mod. Star274 de Nolte.

Mod. Star274 di Nolte.

Nolte Star 274 Mod.

Mod. Verona de Nolte.   *Mod. Verona di Nolte.*   Nolte Verona Mod.

Mod. Roma de Nolte.

Mod. Roma di Nolte.

Nolte Roma Mod.

Mod. Gala de Nobilia.

Mod. Gala di Nobilia.

Nobilia Gala Mod.

Cocina en L de Nolte.

Cucina a L di Nolte.

Nolte L-shaped kitchen.

Mod. Cortina de Nobilia.

Mod. Cortina di Nobilia.

Nobilia Cortina Mod.

Mod. Colorado de Nobilia.

Mod. Colorado di Nobilia.

Nobilia Colorado Mod.

Mod. Cento de Nobilia.

Mod. Cento di Nobilia.

Nobilia Cento Mod.

Mod. Rondo de Nobilia.

Mod. Rondo di Nobilia.

Nobilia Rondo Mod.

Mod. Fontana de Nobilia.

Mod. Fontana di Nobilia.

Nobilia Fontana Mod

Un modelo clásico
de Allmilmo.

*Un modello classico
di Allmilmo.*

An Allmilmo
classic model.

Cocina-salón de Alno.

Cucina-salone di Alno.

Alno kitchen-living room.

Mod. Lemon de Febal.

Mod. Lemon di Febal.

Febal Lemon Mod.

Mod. Morena de Nobilia.

Mod. Morena di Nobilia.

Nobilia Morena Mod.

Mod. Mixer de Febal.

Mod. Mixer di Febal.

Febal Mixer Mod.

En la página siguiente   *Nella pagina succesiva*   Next page:
Mod. Natura de Nobilia.   *Mod. Natura di Nobilia.*   Nobilia Natura Mod.

En la página siguiente
Mod. Orion de Nobilia.

Nella pagina successiva
Mod. Orion di Nobilia.

Next page:
Nobilia Orion Mod.

Mod. Ravenna de Nolte.   *Mod. Ravenna de Nolte.*   Nolte Ravenna Mod.

Mod. Natura de Nobilia.

Mod. Natura di Nobilia.

Nobilia Natura Mod.

Cocina en un frente
de Allmilmo.

*Cucina a un lato unico di
Allmilmo.*

Kitchen with one front by
Allmilmo.

Cocina en L de Allmilmo.

Cucina a L di Allmilmo.

Allmilmo L-shaped kitchen.

En página anterior   *Nella pagina precedente*   Previous page:
Mod. Lago de Nolte.   *Mod. Lago di Nolte.*   Nolte Lago Mod.

Mod. Tivoli de Nobilia.   *Mod. Tivoli di Nobilia.*   Nobilia Tivoli Mod.

Cocina de L en Alno.

Cucina a L di Alno.

Alno L-shaped kitchen.

Detalle de
cocina Alno.

*Dettaglio di
Cucina Alno.*

Detail of Alno
kitchen.

Mod. Life de Nolte.

Mod. Life di Nolte.

Nolte Life Mod.

Cocina en módulos
bajos de Alno.

*Cucina a moduli bassi
di Alno.*

Alno low modules.

Cocina en L de Alno.

Cucina a L di Alno.

Alno L-shaped kitchen.

Cocina en un frente con
isla de trabajo de Alno.

*Cucina a un lato unico
con isola di lavoro di
Alno.*

Alno slide-in range
and work island.

Mod. Star 274 de Nolte.

Mod. Star 274 di Nolte.

Nolte Star 274 Mod.

Mod. Lago de Nobilia.

Mod. Lago di Nobilia.

Nobilia Lago Mod.

Mod. Sally de Febal.

Mod. Sally di Febal.

Febal Sally Mod.

Mod. Lido de Nolte.

Mod. Lido di Nolte.

Nolte Lido Mod.

Mod. Milano de Nolte.

Mod. Milano di Nolte.

Nolte Milano Mod.

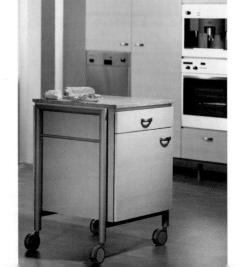

Mod. Ponte de Allmilmo.

Mod. Ponte di Allmilmo.

Allmilmo Ponte Mod.

Mod. Orange de Febal.

Mod. Orange di Febal

Febal Orange Mod.

En la página siguiente
Cocina con isla de
lavado de Alno.

Nella pagina successiva
Cucina con isola di
lavaggio di Alno.

Next page:
kitchen with work
island and sink.

Cocina abierta de
Casawell.

Cucina aperta di
Casawell.

Casawell
open kitchen.

Mod. Verona 235 de Nolte.

Mod. Verona 235 di Nolte.

Nolte Verona 235 Mod.

Cocina en dos
frentes de Alno.

Cucina a L di Alno.

Alno cabinets and
slide-in range.

Detalle de una
cocina Casawell.

*Dettaglio di una
Cucina Casawell.*

Detail of Casawell
kitchen.

Mod. Playa 01 de Febal.

Mod. Playa 01 di Febal.

Febal Playa 01 Mod.

En la página siguiente   *Nella pagina successiva*   Next page:
Mod. Playa 15 de Febal.   *Mod. Playa 15 di Febal.*   Febal Playa 15 Mod.

Mod. Playa 08 de Febal.

Mod. Playa 08 di Febal.

Febal Playa 08 Mod.

Cocina en L de Leicht.

Cucina a L di Leicht.

Leicht L-shaped kitchen.

Cocina en tres frentes de Alno.

Cucina a U di Alno.

Three Alno cabinet units.

Cocina en dos frentes de Alno.   *Cucina a L di Alno.*   Alno kitchen.

Cocina sobre patas
de Alno.

*Cucina rialzata su gambe
di Alno.*

Alno cabinets on legs.

Un modelo clásico
de Alno.

*Un modello classico
di Alno.*

An Alno classic
model.

Detalle del frente de
cocción de la anterior.

*Dettaglio del lato di
cottura della precedente.*

Detail of slide-in range of
preceding model.

Cocina con isla
central de Alno.

*Cucina con isola
centrale di Alno.*

Alno kitchen with
central work island.

Mod. Venus de Florida.

Mod. Venus di Florida.

Florida Venus Mod.

54

Mod. Star 278 de Nobilia.

Mod. Star 278 di Nobilia.

Nobilia Star 278 Mod.

Cocina con varias
alturas de Alno.

*Cucina di varie
altezze di Alno.*

Alno kitchen with units
of various heights.

Mod. Lido 435 de Nolte.   *Mod. Lido 435 di Nolte.*   Nolte Lido 435 Mod.

Cocina en tres frentes   *Cucina a U di Leicht.*   Three cabinet units
de Leicht.   by Leicht.

Cocina en L de Alno.

Cucina a L di Alno.

Alno L-shaped kitchen.

Módulo de limpieza
de Martinica.

*Modulo di pulizia
di Martinica.*

Martinica cleaning
module.

Cocina en un frente
de Martinica.

*Cucina a un lato unico
di Martinica.*

Martinica slide-in range.

Mesa de comedor de
Martinica.

*Tavolo per sala da pranzo
di Martinica.*

Martinica dining
room table.

Cocina en L con mesa
de Martinica.

*Cucina a L con tavolo
di Martinica.*

Martinica L-shaped
kitchen with table.

Detalle de campana
extractora de Martinica.

*Dettaglio della cappa
di Martinica.*

Detail of extractor hood
by Martinica.

Mod. Trendy de Florida.

Mod. Trendy di Florida.

Florida Trendy Mod.

En la página siguiente
Mesa extraíble del
mod. Trendy de Florida.

*Nella pagina successiva
Tavolo estraibile del
mod. Trendy di Florida.*

Next page:
Florida extractable
Trendy Mod. Table.

Mod. Mixer 2000
de Florida.

*Mod. Mixer 2000
di Florida.*

Florida Mixer
2000 Mod.

Cocina en L
Leicht.

*Cucina a L
di Leicht.*

Leicht L-shaped
kitchen.

Cocina con isla de cocción
anexa de Leicht.

*Cucina con isola di cottura
annessa di Leicht.*

Leicht kitchen with cooking
annex.

Cocina con isla de
cocción de Mobalpa.

*Cucina con isola di
cottura di Mobalpa.*

Mobalpa kitchen with
cooking island.

Cocina en 3 frentes
de Leicht.

*Cucina a U
di Leicht.*

Leicht model
base cabinets.

Cocina en varios frentes
de Siematic.

*Cucina a vari lati di
Siematic.*

Different combinations
of Siematic units.

Cocina en dos frentes
de Siematic.

Cucina a L di Siematic.

Two Siematic cabinet
units.

Módulos para
apartamento de Nolte.

*Moduli per appartamento
di Nolte.*

Nolte apartment modules.

Mod. Avant 470 de Nolte.

Mod. Avant 470 di Nolte.

Nolte Avant 470 Mod.

Mod. Brat de Mobalpa Sarila.

Mod. Brat di Mobalpa Sarila.

Mobalpa Sarila Brat Mod.

Cocina con anexo comedor de Nolte.   *Cucina con arredamento annesso di Nolte.*   Nolte kitchen with dining room annex.

Cocina en L de Mobalpa. *Cucina a L di Mobalpa.* Mobalpa L-shaped kitchen.

Cocina con isla de
cocción de Mobalpa.

*Cucina con isola di
cottura di Mobalpa.*

*Mobalpa kitchen with
cooking island.*

Mod. Flair de Nolte.   *Mod. Flair di Nolte.*   Nolte Flair Mod.

Mod. Linea de Nolte.

Mod. Linea di Nolte.

Nolte Linea Mod.

Mod. Star 27 de Nolte.

Mod. Star 27 di Nolte.

Nolte Star 27 Mod.

Mod. Relief de Nolte.

Mod. Relief di Nolte.

Nolte Relief Mod.

Frente de cocción de Mobalpa.

Lato cottura di Mobalpa.

Detail of Mobalpa kitchen

Mod. Ora 40601
de Mobalpa.

*Mod. Ora 40601
di Mobalpa.*

Mobalpa Ora 40601
Mod.

En la página siguiente
Mod. Ora 40604
de Mobalpa.

*Nella pagina successiva
Mod. Ora 40604
di Mobalpa.*

Next page:
Mobalpa Ora 40604
Mod.

Mod. PVL de Mobalpa.

Mod. PVL di Mobalpa.

Mobalpa PVL Mod.

Mod. Pia de Nobilia.

Mod. Pia di Nobilia.

Nobilia Pia Mod.

Módulo con estantes
de Casawell.

*Modulo con ripiani
di Casawell.*

Casawell module with
shelves.

Mod. Onda de Febal.

Mod. Onda di Febal.

Febal Onda Mod.

islas *isole* Islands

La isla de trabajo aglutina una parte de las labores culinarias actuando como distribuidor hacia los diversos frentes. La moderna tecnología permite instalar en ellas la placa de cocción e incluso un fregadero, mientras que el espacio libre de la base se reparte entre cajones, armarios y huecos para estantes. Una derivación es la península, que también se ha liberado de tópicos y ahora se apresta a acoger cualquiera de las funciones imprescindibles, incluida la de barra de comedor.

L'isola di lavoro concentra su di sè una parte dei lavori legati al mondo culinario ed agisce da distributore sui diversi fronti. La tecnologia moderna consente di installare in esse il piano di cottura e, in qualche caso, anche il lavello, mentre invece lo spazio libero alla base dell'isola viene suddiviso in cassettoni, armadi e rientranze per mensole. Una derivazione è la penisola, che si è liberata dal concetto classico e adesso si appresta ad accogliere tutte le funzioni imprescindibili, compresa quella di bancone.

The work island organizes a part of the cooking tasks, acting as a distributor to different fronts. Modern technology allows installation of cooktops into the island, and even refrigerators. But the free space in the base is distributed among drawers, cabinets, and shelf space. A derivation of this concept is the peninsula, which has also been freed to allow any of the essential kitchen functions, including counter meals.

En página anterior
Isla de trabajo de Siematic.

*Nella pagina precedente
Isola di lavoro di Siematic.*

Previous page:
Siematic kitchen island.

Mod. Flipper1 de Febal.

Mod. Flipper1 di Febal.

Febal Flipper 1 Mod.

Mod. Delta 764 de Nolte.

Mod. Delta 764 di Nolte.

Nolte Delta 764 Mod.

Mod. Ponte 02 de
Allmilmo.

*Mod. Ponte 02 di
Allmilmo.*

Allmilmo Ponte 02 Mod.

Cocina con isla
de trabajo de Tielsa.

*Cucina con isola
di lavoro di Tielsa.*

Tielsa kitchen with
work island.

Cocina en dos frentes con isla de trabajo comedor de Tielsa.

Cucina a L con isola di lavoro sala da pranzo di Tielsa.

Two Tielsa cabinet units with dining room work island.

Cocina con isla de trabajo central de Tielsa.

Cucina con isola di lavoro centrale di Tielsa.

Tielsa kitchen with central work island.

Cocina módulos vitrina de Tielsa.

Cucina moduli vetrina di Tielsa.

Alno kitchen with work cooktop incorporated in work island.

Cocina con isla de
cocción de Alno.

*Cucina con isola di
cottura di Alno.*

Alno kitchen with work cooktop
incorporated in work island.

Cocina en un frente con
isla de cocción de Alno.

*Cucina a un lato unico
con isola di cottura di
Alno.*

Alno cabinet units and
cooktop island.

Mod. Onda 05 de Febal.   *Mod. Onda 05 di Febal.*   Febal Onda 05 Mod.

Cocina en dos   *Cucina a*   Alno cabinet units
frentes de Alno.   *L di Alno.*   and cooktop island.

Cocina estilo profesional
de Siematic.

*Cucina stile professionale
di Siematic.*

Siematic professional
style kitchen.

Isla de trabajo y módulos
empotrados de Febal.

*Isola di lavoro e modelli a
muro di Febal.*

Febal work island and
fitted cabinets.

Mod. Ponte 01 de
Allmilmo.

*Mod. Ponte 01 di
Allmilmo.*

Allmilmo Ponte 01 Mod.

Mod. Lido 438 de Nolte.

Mod. Lido 438 di Nolte.

Nolte Lido 438 Mod.

Cocina en dos frentes
con isla central de Miele.

*Cucina a L con isola
centrale di Miele.*

Two Miele cabinet units
with central kitchen
island.

Mod. Blue de Miele.

Mod. Blue di Miele.

Miele Blue Mod.

En la página siguiente
Cocina profesional
de Poggen.

*Nella pagina successiva
Cucina professionale di
Poggen.*

Next page:
Poggen professional
kitchen.

De Diseño / *Di Design*
Designer kitchens

———

La cocina de diseño apuesta por el impacto visual y la funcionalidad mientras relega las formas a su valor estructural: repartirse las tareas básicas del trabajo culinario. El juego entre la exhibición y el disimulo, junto con la aportación de los nuevos materiales para superficies y electrodomésticos, lo hacen recomendable para las viviendas donde el espacio, por exceso o defecto, obliga a la hibridación de funciones. El acero, las superficies sintéticas y los colores inusuales constituyen la marca distintiva de un estilo que fluctúa entre la solemnidad y la ironía.

Le cucine di design puntano sull'impatto visivo e la funzionalità mentre relegano le forme al loro valore strutturale: suddivisione dei compiti basilari del lavoro in cucina. Il gioco tra l'esibizione e la discrezione, insieme all'apporto dei nuovi materiali per superfici ed elettrodomestici, le rendono raccomandabili per le case in cui lo spazio, per eccesso o per difetto, obbliga all'ibridazione di funzioni. L'acciaio, le superfici sintetiche e i colori poco comuni costituiscono la caratteristica che contraddistingue uno stile che fluttua tra la solennità e l'ironia.

The designer kitchen impacts visually and provides high functionality while relegating forms to their structural value of distributing the basic cooking tasks. The interplay between revealing and concealing and the use of new materials in surfaces and electrical appliances make the designer kitchen recommendable for homes where space, whether abundant or minimal, calls for combined uses. Steel, synthetics, and striking colors are the hallmarks of this style, which fluctuates between solemnity and irony.

En página anterior
Cocina con frente de
aluminio de Schiffini.

Nella pagina precedente
Cucina di alluminio
di Schiffini.

Previous page:
Aluminium kitchen by
Schiffini.

Cocina en tres frentes
de Schiffini.

Cucina a U di Schiffini.

U-shaped kitchen by
Schiffini.

Cocina en L con isla
de cocción de Strato.

*Cucina a L con isola
di cottura di Strato.*

Strato L-shaped kitchen with
cooking island.

Módulo de cocción y
lavado de Schiffini.

*Modulo di cottura e
lavaggio di Schiffini.*

Schiffini range and
dishwasher module.

En página anterior
Frente de lavado con
encimera sintética.

Nella pagina precedente
Lato lavaggio con piano
sintetico.

Previous page:
washing machine cabinet with
synthetic counter American kitchen.

Cocina americana mod. Ad.
Mode-Namay de Nolte.

Cucina americana mod. Ad.
Mode-Namay di Nolte.

Nolte Ad. Mode-Namay Mod.

Cocina americana.

Cucina americana.

American kitchen.

Cocina en L con isla central de
Allmilmo.

*Cucina a L con isola
centrale di Allmilmo.*

Allmilmo L-shaped kitchen
with central island.

Mod. Libera de
Mobalpa Sarila.

*Mod. Libera di
Mobalpa Sarila.*

Mobalpa Sarila Libera Mod.

Cocina con isla de
lavado de Alsa.

*Cucina con isola
di lavaggio di Alsa.*

Alsa kitchen with sink
incorporated in work island.

Cocina en 3 frentes con
isla de cocción de Alsa.

*Cucina a U con isola di
cottura di Alsa.*

Alsa cabinets on three
walls with cooktop in
kitchen island.

Cocina en L con isla de cocción de
Poggen.

*Cucina a L con isola di cottura di
Poggen.*

Poggen L-shaped kitchen with
cooktop in work island.

Cocina en 2 frentes
de Alno.

Cucina a L di Alno.

Alno cabinets on two walls.

En página anterior
Cocina para loft de Miele.

Nella pagina precedente
Cucina per loft di Miele

Previous page:
Miele loft kitchen.

Cocina en un frente
de Siemens.

Cucina a un lato unico
di Siemens.

Siemens slide-in range
and cabinets.

Cocina en L de Alno.

Cucina a L di Alno.

Alno L-shaped kitchen.

Cocina en L con isla anexa
de Giamaica.

*Cucina a L con isola annessa
di Giamaica.*

Giamaica L-shaped kitchen
with work island annex.

Cocina empotrada con
isla comedor de Alno.

*Cucina a muro con isola
pranzo di Alno.*

Alno fitted kitchen with
breakfast counter.

Cocina con isla de
cocción adosada de Leicht

*Cucina con isola di cottura
laterale di Leicht.*

Leicht kitchen with cooktop
island.

Cocina en L con comedor
de Leicht.

*Cucina a L con sala da
pranzo di Leicht.*

Leicht L-shaped kitchen
with dining room.

Cocina en 2 frentes con
isla de cocción adosada
de Elledue-House.

*Cucina a L con isola di
cottura laterale
di Elledue-House.*

Elledue-House cabinets
with semi-freestanding
cooktop.

Cocina en 2 frentes
de Siematic

Cucina a L di Siematic.

Siematic cabinets.

Mod. Familia 38 de
Mobalpa-Sarila.

*Mod. Familia 38 di
Mobalpa-Sarila.*

Mobalpa-Sarila Familia
38 Mod.

Mod. Joker 01 de Febal.

Mod. Joker 01 di Febal.

Febal Joker 01 Mod.

Mod. Familia 1 de
Mobalpa-Sarila.

*Mod. Familia 1 di
Mobalpa-Sarila.*

Mobalpa-Sarila
Familia 1 Mod.

Mod. Joker 05 de Febal.

Mod. Joker 05 di Febal.

Febal Joker 05 Mod.

111

Cocina estilo profesional
de Mobalpa-Sarila.

*Cucina stile professionale
di Mobalpa-Sarila.*

Mobalpa-Sarila professional
style kitchen.

Mod. Sally de Febal.

Mod. Sally di Febal.

Febal Sally Mod.

Mod. Techno de Nobilia.

Mod. Techno di Nobilia.

Nobilia Techno Mod.

Mod. Noumero de
Mobalpa-Sarila.

*Mod. Noumero di
Mobalpa-Sarila.*

Mobalpa-Sarila
Noumero Mod.

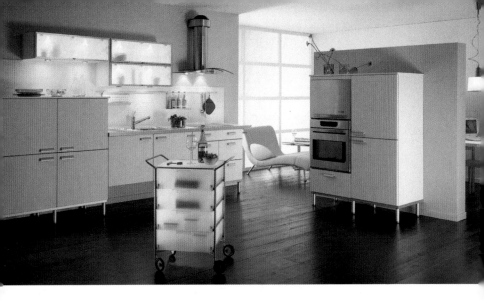

Cocina para apartamento
de Mobalpa.

*Cucina per appartamento
di Mobalpa.*

Mobalpa apartment
kitchen.

Cocina estilo profesional
de Poggen.

*Cucina stile professionale
di Poggen.*

Poggen professional
style kitchen.

En página anterior
Mod. Fue de Poggen.

Nella pagina precedente
Mod. Fue di Poggen.

Previous page:
Poggen two-tone kitchen
with work island

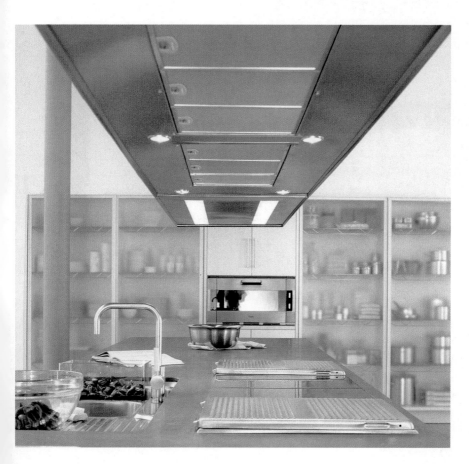

Detalle de frente de cocción
de Poggen.

Dettaglio del piano di cottura
di Poggen.

Detail of Poggen kitchen.

En página siguiente
Cocina bicolore con isla
de trabajo de Poggen.

En página siguiente
Cucina bicolore con isola
di lavoro di Poggen.

Previous page:
Poggen two-tone kitchen
with work island.

Clásicas/Rústicas / *Classiche/Rustiche*
Classical

El estilo favorito de los más hogareños mantiene su querencia por los acabados en madera y los materiales naturales, así como por los colores solemnes o regios, sin renegar de las innovaciones, siempre sujetas a la funcionalidad y mientras no roben protagonismo a los detalles decorativos: pilastras, remates en cornisa, puertas de celosía, panelados en relieve y campanas extractoras de obra. Las mesas de comer y las islas de trabajo también apuestan por la convivencia tanto si remiten al modelo de la mansión rural como a la humilde casa de labor, hoy tan apreciada.

Lo stile preferito di coloro i quali amano molto stare in casa mantiene una chiara preferenza per le rifiniture in legno e per i materiali naturali, come anche per i colori solenni e importanti, senza però rinnegare le innovazioni, quando soggette alla funzionalità e quando non sottraggano protagonismo ai dettagli decorativi: pilastri, rifiniture nelle cornici, gelosie, pannellati in rilievo e cappe a muro. I tavoli da cucina e le isole di lavoro puntano sulla convivenza sia se si rifanno al modello della mansione rurale sia alla umile casa di lavoro, oggi molto apprezzata.

The favorite style of the real homebodies keeps its preference for finishings in wood and other natural materials. It also favors solemn or regal colors, without giving up the innovative, always subject to use-orientation and uncompromising on ornamental detail: pilasters, cornices, latticed doors, wainscoting, and extractor hoods. The dinner tables and the work islands also blend in no matter whether they are found in the rural mansion or the humble apartment so coveted these days.

En página anterior
Cocina con isla de trabajo de Alno.

Nella pagina precedente
Cucina con isola di lavoro di Alno.

Previous page:
Alno kitchen with work island

Cocina en 3 frentes con isla central de Alno.

Cucina a 3 pareti con isola centrale di Alno.

Alno cabinetry on three walls with center island.

Cocina en L
Stilnovo de Elledue.

Cucina a L
Stilnovo de Elledue.

Elledue Stilnovo model
L-shaped kitchen.

Detalle de zona de lavado
Prestige de Elledue.

Dettaglio di zona di lavaggio
Prestigedi di Elledue.

Detail of Elledue Prestige sink.

Detalle de zona de cocción
Prestige de Elledue.

*Dettaglio della zona di
cottura Prestige di Elledue.*

Slide-in range
(Elledue Prestige).

Detalle de una cocina
Prestige de Elledue.

*Dettaglio di una cucina
Prestige di Elledue.*

Detail of Elledue Prestige
kitchen.

Mesa de comedor con cajones
Prestige de Elledue.

*Tavolo per sala da pranzo con
cassettoni Prestige di Elledue.*

Dinner table with drawers
(Elledue Prestige).

Detalle del panelado de una
cocina Prestige de Elledue.

*Dettaglio del pannellato di
una cucina Prestige di
Elledue.*

Detail of cabinet units
(Elledue Prestige).

Cocina en J Prestige
de Elledue.

*Cucina a J Prestige
di Elledue.*

J-shaped kitchen
(Elledue Prestige).

Zona de cocción con chimenea
para extractor de obra
Prestige de Elledue.

*Zona di cottura con cappa per
estrattore a muro
Prestige di Elledue.*

Slide-in range
(Elledue Prestige).

Armarios con puertas abatibles
Prestige de Elledue.

*Armadi con porte reclinabili
Prestige di Elledue.*

Hinged doors on Elledue
Prestige cabinets.

Detalle de la encimera de
trabajo Prestige de Elledue.

*Dettaglio del piano di lavoro
Prestige di Elledue.*

Detail of work counter in
Elledue Prestige kitchen.

Cocina en U con vitrina
empotrada de Alno.

*Cucina a U con vetrina
a muro di Alno.*

Alno U-shaped kitchen with fitted cabinet with glass doors.

Pequeña cocina en L
de Alno.

*Piccola cucina a L
di Alno.*

Alno L shaped little
kitchen.

Cocina con acabados en
madera Stilnovo de
Elledue.

*Cucina con rifiniture di
legno Stilnovo di Elledue.*

Elledue Stilnovo kitchen
with cabinets finished
in wood.

En página anterior
Cocina en L con anexo
para comedor de Alno

Nella pagina precedente
Cucina a L con annesso
per sala da pranzo di Alno.

Next page:
Alno kitchen with fitted
bodega module.

Zona de comedor y alacenas
Stilnovo de Elledue.

Zona sala da pranzo e armadi
Stilnovo di Elledue.

Elledue Stilnovo kitchen with
cabinets finished in wood.

En página siguiente
Cocina en un frente con
módulo bodega de Alno.

Nella pagina successiva
Cucina a una sola parete
con modulo bottega di
Alno.

Previous page:
Alno L-shaped kitchen
with dining room annex.

Cocina con isla central
de Alno.

*Cucina con isola centrale
di Alno.*

Alno kitchen with central
work island.

Cocina con alacena
anexa de Alno.

*Cucina con arma
di annessi di Alno.*

Alno kitchen with
dresser annex.

Módulo alacena de Alno.

Modulo armadio di Alno.

Alno dresser module.

Cocina en un solo frente
de Alno.

*Cucina a un sola parete
di Alno.*

Alno single island unit.

Isla de cocción de Alno.

Isola di cottura di Alno.

Alno cooktop island.

Cocina con isla de cocción   *Cucina con isola di cottura e*   Alno dresser module.
y comedor de Alno.   *sala da pranzo di Alno.*

Cocina en L con isla de
trabajo de Alno.

*Cucina a L con isola di
lavoro di Alno.*

Alno L-shaped kitchen
with work island.

Mod. Risate de Febal.

Mod. Risate di Febal.

Febal Risate Mod.

Módulo alacena
de Alno.

*Modulo alacena
di Alno.*

Alno dresser module.

Mod. Sinfon de Febal.

Mod. Sinfon di Febal.

Febal Sinfon Mod.

Mod. Maya de Febal.

Mod. Maya di Febal.

Febal Maya Mod.

En página anterior
Detalle mod. Sinfon
de Febal.

Nella pagina precedente
Dettaglio mod. Sinfon
di Febal.

Previous page:
Detail of Febal
Sinfon Mod.

Cocina en J de Miele.   *Cucina a J di Miele.*   Miele J-shaped kitchen.

Variación del mismo
modelo en L de Alno.

Variazione dello stesso
modello a L di Alno.

Variation of the same Alno
model in L-shaped form.

Mod. Paesana de Florida.

Mod. Paesana di Florida.

Florida Paesana Mod.

En página siguiente
Cocina en L de Alno.

*Nella pagina successiva
Cucina a L di Alno.*

Next page:
Alno L-shaped kitchen.

Mod. Rosat de Febal.

Mod. Rosat di Febal.

Febal Rosat Mod.

Mod. Cosmo de Nobilia.

Mod. Cosmo de Nobilia.

Nobilia Cosmo Mod.

Mod. Casale de Febal.

Mod. Casale di Febal.

Febal Casale Mod.

En página siguiente
Cocina con isla de trabajo
y lavado de Miele.

*Nella pagina successiva
Cucina con isola di lavoro
e lavaggio di Miele.*

Next page:
Miele kitchen with sink
incorporated in the
work island.

150

Cocina en un solo frente
con comedor adosado de
Miele.

*Cucina a una sola parete
con sala da pranzo
affiancata di Miele.*

Miele kitchen in a single
cabinet series with dining
room table.

Cocina en L con
comedor de Miele.

*Cucina a L con sala da
pranzo di Miele.*

Miele L-shaped kitchen
with dining room set.

Detalle de zona de preparación.

Dettaglio della zona di preparazione.

Detail of work counter.

Cocina comedor de Miele.

Cucina di Miele.

Miele kitchen with dining room.

153

Cocina en un solo
frente de Miele.

*Cucina a una sola
parete di Miele.*

Miele kitchen with single
cabinet series.

Cocina comedor de
Leicht.

Cucina di Leicht.

Leicht kitchen-dining
room.

Cocina en L con campana
de obra de Leicht.

*Cucina a L con campana
a muro di Leicht.*

Leicht L-shaped kitchen with
extractor hood.

Cocina en L de Leicht.

Cucina a L di Leicht.

Leicht L-shaped kitchen.

Cocina de Leicht.

Cucina di Leicht.

Leicht kitchen.

Módulo de cocción
de Leicht.

*Modulo di cottura
di Leicht.*

Leicht cooktop module.

Cocina en L de
Leicht.

*Cucina a L di
Leicht.*

Leicht L-shaped kitchen.

Cocina en L de Leicht.

Cucina a L di Leicht.

Leicht L-shaped kitchen.

En página anterior
Cocina comedor
de Siematic.

Nella pagina precedente
Cucina di Siematic.

Previous page:
Siematic kitchen-dining
room.

Cocina Leicht.

Cucina Leicht.

Leicht kitchen.

Mod. Le Floglie de Florida.

Mod. Le Floglie di Florida.

Florida Le Floglie Mod.

Cocina con isla central
de Siematic.

*Cucina con isola centrale
di Siematic.*

Siematic central work
kitchen.

Mod. Old Style de Florida.

Mod. Old Style di Florida.
Florida Old Style Mod.

Detalle de zona de
trabajo de Mobalpa.

*Dettaglio di zona
lavoro di Mobalpa.*

Detail of Mobalpa
work island.

Mod. Antik de Nolte.   *Mod. Antik di Nolte.*   Nolte Antik Mod.

Cocina con módulos
empotrados de Mobalpa.

*Cucina con moduli
a muro di Mobalpa.*

Mobalpa kitchen
with fitted units.

Mod. Casale de Febal.

Mod. Casale di Febal.

Febal Casale Mod.

En página siguiente
Zona de cocción de
Mobalpa.

*Nella pagina successiva
Zona di cottura di
Mobalpa.*

Next page:
Mobalpa cooking
area.

Mod. Country de Nolte.

Mod. Country di Nolte.

Nolte Country Mod.

Zona de lavado del
mod. Colorado
de Nobilia.

*Zona di lavaggio del
mod. Colorado
di Nobilia.*

Nobilia Colorado Mod.
work area.

Mod. Bohême de Febal.

Mod. Bohême di Febal.

Febal Bohême Mod.

Mod. Colorado de Nobilia.

Mod. Colorado di Nobilia.

Nobilia Colorado Mod.

En página anterior
Mod. Castell de Nolte.

Nella pagina precedente
Mod. Castell di Nolte.

Previous page:
Nolte Castell Mod.

Mod. Conte de Febal.

Mod. Conte di Febal.

Febal Conte Mod.

Mod. Dallas 611 de Nolte.   *Mod. Dallas 611 di Nolte.*   Nolte Dallas 611 Mod.

Mod. Cortina de Nobilia.

Mod. Cortina di Nobilia.

Nobilia Cortina Mod.

Modelo de Mobalpa.

Modello di Mobalpa.

Mobalpa Model.

Modelo de Mobalpa.

Modello di Mobalpa.

Mobalpa Model.

Mod. Natura de Nobilia.

Mod. Natura di Nobilia.

Nobilia Natura Mod.

Mod. Salerno de Nolte.

Mod. Salerno di Nolte.

Nolte Salerno Mod.

Mod. Salerno de Nolte.

Mod. Salerno di Nolte.

Nolte Salerno Mod.

Mod. Nostalgie de Nolte.

Mod. Nostalgie di Nolte.

Nolte Nostalgie Mod.

Módulo para horno de Mobalpa.

Modulo per forno di Mobalpa.

Mobalpa oven module.

Modelo de Mobalpa.

Modello di Mobalpa.

Mobalpa Model.

Mod. Village de Nobilia.

Mod. Village di Nobilia.

Nobilia Village Module.

Electrodomésticos / *Elettrodomestici*
Electrical Appliances

La tónica dominante es la versatilidad. Diferentes tamaños según el tipo de usuarios de hoy día, empotrables o exentos, en tierra o elevados, para una persona o un regimiento, como parte de un diseño global o pieza única... Se apuesta por la pureza de líneas y se dice adiós a lo superfluo: las prestaciones de cada elemento constituyen el colmo del lujo y el material de acabado el sello definitivo de su noción de estilo.

L'elemento dominante è la versatilità. Dimensioni diverse a seconda del tipo e del gusto del cliente, a muro o separati, a terra o elevati, per una persona o per un reggimento, come parte di un design globale o pezzo unico ... Si punta sulla purezza delle linee e si dice addio a tutto ciò che è superfluo: le prestazioni di ogni elemento costituiscono il massimo del lusso e il materiale di rifinitura è il segnale definitivo dello stile.

The dominant is versatility. Different sizes according to today's users, fitted or freestanding, base or wall, for a single person or an entire troupe, as part of an overall design or one-off... The key is purity of line and absence of the superfluous: the uses of each element constitute luxury at its finest and the material and finish the definitive sign of style.

En página anterior
frigorífico con puerta
panelada de Alno

*Nella pagina precedente
Frigorifero con porta
pannellata di Alno*

Previous page:
Alno refrigerator with
paneled door.

Nevera para apartamento de Alno
con puerta panelada

*Frigorifero da appartamento di
Alno con porta pannellata*

Alno apartment refrigerator
with paneled door.

Módulo de cocción y almacenamiento en un solo frente de Alno.

Modulo di cottura e immagazzinaggio ad una sola parete di Alno.

Cooking module and storage with one front by Alno.

Nevera empotrada modelo TIPI de Mobalpa

Frigorifero a muro modello TIPI di Mobalpa

Mobalpa TIPI model fitted refrigerator.

Nevera bajo encimera de Alno.

Frigorifero sotto piano di lavoro di Alno.

Alno slide-in refrigerator.

Las asas dan un toque
vanguardista al
modelo de Whirlpool.

*Le maniglie danno un
tocco d'vanguardia al
modello di Whirlpool.*

The handles provide a
vanguardist touch in the
Whirlpool model.

Modelo de Whirlpool
con dos puertas.

*Modello di Whirlpool
a due porte.*

Whirlpool two-door model.

Congelador y
refrigerador en dos
módulos de Whirlpool.

*Congelatore e
refrigeratore a due
moduli di Whirlpool.*

Whirlpool dual module
freezer and refrigerator.

Nevera de una sola
puerta de Whirlpool.

*Frigorifero a una sola
porta di Whirlpool.*

Whirlpool single-door
refrigerator.

Frigorífico de dos puertas con
dispensador de cubitos.
Mod. de Whirlpool.

*Frigorifero a due porte con
dispensatore di cubetti di ghiaccio.
Mod. di Whirlpool.*

Whirlpool two-door refrigerator
with ice-cube dispenser.

Nevera y congelador de dos
puertas con dispensador de hielo
mod. de Whirlpool.

*Frigorifero e congelatore a due
porte con dispensatore di ghiaccio
mod. di Whirlpool.*

Whirlpool two-door refrigerator
and freezer with ice-cube
dispenser.

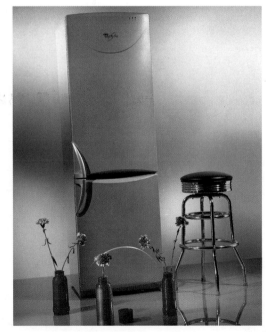

Modelo de
Whirlpool en color azul.

*Modello di
Whirlpool di color blu.*

Whirlpool model in blue.

Nevera de dos puertas
mod. Ostyle 08 de
Rosieres.

*Frigorifero a due porte
mod. Ostyle 08 di Rosieres.*

Rosières Ostyle 08 mod.
two-door refrigerator.

Nevera de dos puertas
mod. Ostyle 07 de
Rosieres.

*Frigorifero a due porte
mod. Ostyle 07 di
Rosieres.*

Rosières Ostyle 07 mod.
two-door refrigerator.

Nevera de dos puertas
mod. Ostyle 09 de
Rosieres.

*Frigorifero a due porte
mod. Ostyle 09 di Rosieres.*

Rosières Ostyle 09 mod.
two-door refrigerator.

Nevera de dos puertas
mod. Ostyle 10 de Rosieres.

*Frigorifero a due porte
mod. Ostyle 10 di Rosieres.*

Rosières Ostyle 10 mod.
two-door refrigerator.

El color de estos modelos
de Whirlpool cambia
con la luz .

*Il colore di questi modelli
di Whirlpool cambia
con la luce.*

The color of these
Whirlpool models changes
with the light.

Una desenfadada
presentación para un modelo
de alta tecnología.

*Una disinvolta
presentazione per un
modello di alta tecnologia.*

An easygoing presentation
for a high-tech model.

El mod. de Whirlpool
incorpora un reloj en la
puerta superior.

*Il mod. di Whirlpool
incorpora un orologio
nella porta superiore.*

The Whirlpool mod. here
includes a clock in the top
door.

Mod. FR-700CB de
Daewo con un aire retro
en el color y el diseño.

*Mod. FR-700CB di Daewo
con un'aria retro nel
colore e nel design.*

The Daewoo Mod.
FR-700CB with retro
color and design.

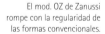

El mod. OZ de Zanussi
rompe con la regularidad de
las formas convencionales.

*Il mod. OZ di Zanussi
rompe con la regolarità
delle forme convenzionali.*

The Zanussi OZ mod. breaks
with the regularity of
conventional forms.

La nevera bodega de
Gaggenau, pensada para
restaurantes y sibaritas.

*Il Frigorifero bottega d.
Gaggenau, pensato per
ristoranti e per gli amant.
dei piaceri*

The Gaggenau bodega
refrigerator is for
restaurants and sybarites.

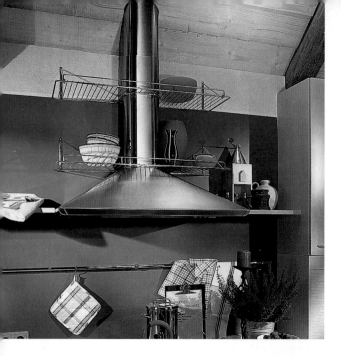

Campana decorativa de Alno
encajada en un rincón.

*Cappa decorativa di Alno
incastrata in un angolo.*

Alno decorative extractor
in a corner.

Campana extractora de
Alno en acero inoxidable
con estantes auxiliares de
rejilla.

*Cappa di Alno in acciaio
inossidabile con mensole
ausiliari a griglia.*

Alno extractor hood in
stainless steel with grill
shelving.

Campana de Siemens con
tres focos halógenos.

*Cappa di Siemens con
tre faretti alogeni.*

Siemens hood with three
halogen lamps.

Original campana a dos
aguas con visera
delantera de Alno.

*Originale cappa a due
acque con visiera
frontale di Alno.*

Original hip-roof hood
with visor by Alno.

Campana decorativa de
Alno en acero inoxidable.

*Cappa decorativa
di Alno in acciaio
inossidabile.*

Alno decorative hood
in stainless steel.

Esta campana de Alno
mantiene su potencia
extractora en una
superficie inferior.

*Questa cappa di Alno
mantiene la sua potenza
di estrazione su una
superficie inferiore.*

This Alno hood keeps its
extracting power on the
lower surface.

Campana decorativa
mod. LC 75955 de Siemens.

Cappa decorativa
mod. LC 75955 di Siemens.

Siemens LC 75955 Mod.
decorative extractor hood.

Campana decorativa
mod. LC 56950 de Siemens.

Cappa decorativa
mod. LC 56950 di Siemens.

Siemens LC 56950 Mod.
decorative extractor hood.

Campana decorativa
mod. LC 85950 de Siemens.

Cappa decorativa
mod. LC 85950 di Siemens.

Siemens LC 85950 Mod.
decorative extractor hood.

Campana decorativa
mod. LC 56650 de Siemens.

Cappa decorativa
mod. LC 56650 di Siemens.

Siemens LC 56650 Mod.
decorative extractor hood.

Campana decorativa
de Alno.

*Cappa decorativa
di Alno.*

Alno decorative
extractor hood.

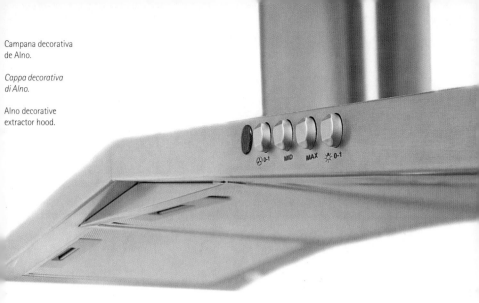

Campana decorativa en
acero y cristal mod. LC
80950 de Siemens.

*Cappa decorativa in
acciaio e vetro mod. LC
80950 di Siemens.*

Siemens LC 80950 Mod.
steel and glass decorative
hood.

Campana decorativa en
acero mod. SM835 de
Siemens.

*Cappa decorativa in
acciaio mod. SM835 di
Siemens.*

Siemens SM835 Mod.
decorative steel extractor
hood.

Diseño ultraplano para una
campana de gran potencia.
Mod. SM796 de Siemens,

*Design ultrapiatto per una
cappa di grande potenza.
Mod. SM796 di Siemens.*

Siemens SM796 Mod.
ultrathin design for a
high-potency hood.

Campana de diseño
ultradinámico para
grandes cocinas.
Mod. de Alno.

*Cappa di design
ultradinamico per
cucine grandi.
Mod. di Alno.*

Alno ultradynamic
design hood mod.
for big kitchens.

Campana integrada
mod. de Whirlpool.

*Cappa integrata
mod. di Whirlpool.*

Whirlpool integrated
model hood.

Campana decorativa
para isla de cocción
mod. de Nolte.

*Cappa decorativa per
isola di cottura
mod. di Nolte.*

Nolte decorative
extractor for kitchen
islands.

La fuerza del acero se aligera con un diseño minimalista de Alno.

La forza dell'acciaio viene alleggerita con un design minimalista di Alno.

The power of steel is lighter in Alno's minimalist design.

Campana que pende del techo con estantes anexos de Leicht.

Cappa che pende dal tetto con mensole annesse di Leicht.

Leicht hanging hood with shelves.

La campana de cristal sobre superficie extractora confie ligereza al modelo de Aln

La Cappa di vetro sulla superfic di estrazione conferis leggerezza al modello di Alr

The glass hood over the cooki area is a lightweight Alno moo

Placa de cocción y horno
empotrado en el mismo
módulo de Alno.

*Placca di cottura e forno
incastrato nello stesso
modulo di Alno.*

Slide-in cooktop and
oven in the same Alno
module.

Horno y placa de cocción a
juego con el frente de
cajones y gavetas
de Alno.

*Forno e placca di cottura a
sintonia con la parete
di cassetti e cassettoni
di Alno*

Matching cooktop and oven
with drawered cabinet
by Alno.

202

Horno mod. HB 89E44
de Siemens.

*Forno mod. HB 89E44
di Siemens.*

Siemens Model
HB 89E44 oven.

Horno mod. HB 66E44
de Siemens.

*Forno mod. HB 66E44
di Siemens.*

Siemens Model HB
66E44 oven.

Horno mod. HB 66E24
de Siemens.

*Forno mod. HB 66E24
di Siemens.*

Siemens Model
HB 66E24 oven.

Módulo con
microondas y
horno de Leicht.

*Modulo con
microonde e
forno di Leicht.*

Leicht module
with microwave
and oven.

Mod. HB 66E54
de Siemens.

*Mod. HB 66E54
di Siemens.*

Siemens Model
HB 66E54 oven.

Horno mod. HB 66E64
de Siemens.

*Forno mod. HB 66E64
di Siemens.*

Siemens Model
HB 66E64 oven.

Mod. HB 79E24
de Siemens.

*Mod. HB 79E24
di Siemens.*

Siemens Model
HB 79E24 oven.

Horno multifunción
mod. AKP 500 de Whirlpool.

*Forno multifunzionale
mod. AKP 500 di Whirlpool.*

Whirlpool multi-use oven
Model AKP 500.

Horno multifunción
mod. AKP 525 de Whirlpool.

*Forno multifunzionale
mod. AKP 525 di Whirlpool.*

Whirlpool multi-use oven
Model AKP 525.

Horno multifunción
mod. AKP 634 de Whirlpool.

*Forno multifunzionale
mod. AKP 634 di Whirlpool.*

Whirlpool multi-use oven
Model AKP 634.

Horno multifunción mod.
AKP 636 de Whirlpool.

*Forno multifunzionale mod.
AKP 636 di Whirlpool.*

Whirlpool multi-use oven
Model AKP 636.

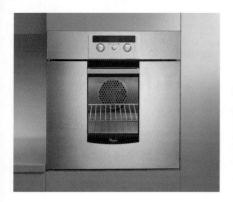

Horno empotrable
mod. AKZ 144 de Whirlpool.

Forno inseribile
mod. AKZ 144 di Whirlpool.

Whirlpool fitted oven,
Model AKZ 144.

Hornoextra ancho
mod. AKG 637 de Whirlpool.

Forno ultra largo
mod. AKG 637 di Whirlpool.

Whirlpool wide oven,
Model AKG 637.

Horno mod. AKP 638
de Whirlpool.

Forno mod. AKP 638
di Whirlpool.

Whirlpool oven,
Model AKP 638.

Horno encimera
mod. COM de Whirlpool.

Forno piano di lavoro
mod. COM di Whirlpool.

Whirlpool counter oven,
Model COM.

Horno multifunción
de Siemens.

*Forno multifunzionale
di Siemens.*

Siemens multi-use
oven.

Horno microondas
de Nolte.

*Forno microonde
di Nolte.*

Nolte microwave
oven.

Horno empotrado en
altura de Alno.

*Forno incastrato in
altezza di Alno.*

Alno high fitted oven.

Horno eléctrico
empotrado mod. AKZ 144
de Whirlpool.

*Forno elettrico
incastrato mod. AKZ 144
di Whirlpool.*

Whirlpool AKZ 144
fitted electric oven.

Horno mod. HB 79E64 de Siemens.

Forno mod. HB 79E64 di Siemens.

Siemens HB 79E64 oven.

Horno mod. HE 37064 de Siemens.

Forno mod. HE 37064 di Siemens.

Siemens HE 37064 oven.

Horno mod. HE 56054 de Siemens.

Forno mod. HE 56054 di Siemens.

Siemens HE 56054 oven.

Horno mod. HE 56E64 de Siemens.

Forno mod. HE 56E64 di Siemens.

Siemens HE 56E64 oven.

Horno mod. HE 56024 de Siemens.

Forno mod. HE 56024 di Siemens.

Siemens HE 56024 oven.

Horno mod. HE 56044 de Siemens.

Forno mod. HE 56044 di Siemens.

Siemens HE 56044 oven.

Horno mod. HE 68E44 de Siemens.

Forno mod. HE 68E44 di Siemens.

Siemens HE 68E44 oven.

Horno mod. HE 89E54 de Siemens.

Forno mod. HE 89E54 di Siemens.

Siemens HE 89E54 oven.

Horno empotrado
mod. ZANKER de Alno.

*Forno inserito
mod. ZANKER di Alno.*

Alno ZANKER model
fitted oven.

Horno y microondas con
puertas de acero
mod. de Whirlpool.

*Forno e microonde con
porte di acciaio
mod. di Whirlpool.*

Whirlpool oven and
microwave with steel
doors.

Módulo de
almacenamiento con horno
empotrado mod. de Alno.

*Modulo di imagazzinaggio
con forno incastrato
mod. di Alno.*

Alno fitted storage
model with oven.

Horno de dos puertas
mod. SM863 de Siemens.

*Forno di due porte
mod. SM863 di Siemens.*

Siemens SM863
two-door oven.

Horno independiente
empotrado en altura
de Alno.

*Forno indipendente
incastrato in altezza
di Alno.*

Alno independent
fitted counter oven.

Horno eléctrico de acero
inoxidable mod. SM070
de Siemens.

*Forno elettrico di acciaio
inossidabile mod. SM070
di Siemens.*

Siemens SM070 stainless
steel electric oven.

Horno y microondas
empotrados en altura
mod. SARILA
de Mobalpa.

*Forno e microonde
inseriti in altezza
mod. SARILA
di Mobalpa.*

Mobalpa Sarila model:
counter height fitted
oven and microwave.

Frente de cocción con
placa, horno y campana
de Siemens.

*Frente di cottura con
placca, forno e cappa
di Siemens.*

Siemens module
with cooktop,
oven and hood.

Horno empotrado con
puerta abatible
mod. SM887 de Siemens.

*Forno incastrato con
porta abbattibile
mod. SM887 di Siemens.*

Siemens SM887
fitted oven with
hinged door.

Lavavajillas bajo
fregadero con puerta
panelada de Alno.

*Lavastoviglie sotto
lavello con porta
pannellata di Alno.*

Alno slide-in
dishwasher with
panel door.

Lavavajillas integrado
bajo encimera con puerta
panelada de Alno.

*Lavastoviglie integrado
sotto piano di lavoro con
porta pannellata di Alno.*

Alno slide-in dishwasher
with panel door.

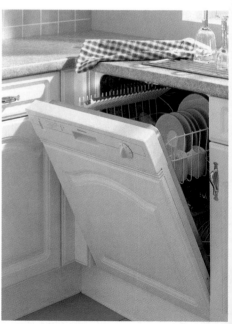

La vavajillas integrado
con puerta panelada
de Alno.

*Lavastoviglie integrado
con porta pannellata
di Alno.*

Alno slide-in dishwasher
with panel door.

Lavavajillas familiar elevado en módulo con cajones de Alno.

Lavastoviglie famigliare elevata in modulo con cassetti di Alno.

Alno family counter height dishwasher with drawers.

Lavavajillas para pocos servicios empotrado de Mobalpa.

Lavastoviglie per pochi servizi incastrata di Mobalpa.

Mobalpa fitted mini-dishwasher.

Mini lavavajillas de Alno empotrado y panelado.

Mini Lavastoviglie di Alno incastrata e pannellato.

Alno fitted and paneled mini-dishwasher.

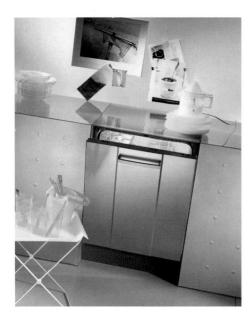

Original hendidura de
apertura en el
de Whirlpool.

*Originale fenditura di
apertura nel
di Whirlpool.*

Whirlpool lean-open
dishwasher.

Lavavajillas integrado en
el frente de cocina
de Whirlpool.

*Lavastoviglie integrata nella
parete della cucina
di Whirlpool.*

Whirlpool slide-in dishwasher.

Lavavajillas
de Whirlpool.

*Lavastoviglie
di Whirlpool.*

Whirlpool dishwasher.

Lavavajillas
mod. de Whirlpool.

*Lavastoviglie
mod. di Whirlpool.*

Whirlpool dishwasher.

Lavavajillas integrado
bajo el fregadero de Alno.

*Lavastoviglie integrata
sotto il lavello di Alno.*

Alno fitted counter level
dishwasher.

Lavavajillas bajo
encimera de Alno.

*Lavastoviglie sotto piano
di lavoro di Alno.*

Alno slide-in base level
dishwasher.

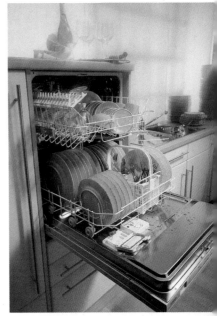

Lavavajillas empotrado
en módulo alto de Alno.

*Lavastoviglie incastrata
nel modulo alto di Alno.*

Alno fitted counter level
dishwasher.

Lavavajillas familiar
de Alno.

*Lavastoviglie famigliare
di Alno.*

Alno family dishwasher.

Lavavajillas con los
mandos disimulados
mod. de Whirlpool.

*Lavastoviglie con i
comandi nascosti
mod. di Whirlpool.*

Whirlpool dishwasher
with concealed controls.

Fregadero con escurridor y
pequeño lavavajillas
integrado de Alno.

*Lavello con colatoio e
piccola lavastoviglie
incorporata di Alno.*

Alno sink with integrated
small dishwasher
and drainer.

Últimos modelos para
refrigeración, lavado
y cocción de Whirlpool.

*Ultimi modelli per
refrigerazione, lavaggio e
cottura di Whirlpool.*

Whirlpool's latest model
refrigerators, dishwashers,
and cooktops.

Lavadora de gran
capacidad de Whirlpool.

*Lavatrice di gran
capacità di Whirlpool.*

Whirlpool large-capacity
washing machine.

Lava ajillas y secadora e
columna de Whirlpoo

*Lavastoviglie
asciugatrice
colonna di Whirlpoo*

Whirlpool colum
dishwasher and drie

Lavadora de carga frontal
mod. de Whirlpool.

*Lavatrice a carica frontale
mod. di Whirlpool.*

Whirlpool front-loading
washing machine.

Secadora mod. de Whirlpool.

Asciugatrice mod. di Whirlpool.

Whirlpool drier.

Lavadora de carga
superior mod. de
Whirlpool.

*Lavatrice a carica
superiore mod. di
Whirlpool.*

Whirlpool top-loading
washing machine.

Horno microondas
mod. HF 87960 de Siemens.

Forno microonde
mod. HF 87960 di Siemens.

Siemens HF 87960
microwave oven.

Horno microondas
mod. HF 66061 de Siemens.

Forno microonde
mod. HF 66061 di Siemens.

Siemens HF 66061
microwave oven.

Horno microondas
mod. HF 87950 de Siemens.

Forno microonde
mod. HF 87950 di Siemens.

Siemens HF 87950
microwave oven.

Horno microondas
mod. HF 87940 de Siemens.

Forno microonde
mod. HF 87940 di Siemens.

FSiemens HF 87940
microwave oven.

Horno microondas mc
MAXIMO de Whirlpo

Forno microonde mc
MAXIMO di Whirlpo

FWhirlpool MAXIN
model microwave ove

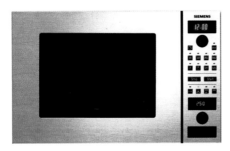

Horno microondas
mod. HF 66051 de Siemens.

*Forno microonde
mod. HF 66051 di Siemens.*

Siemens HF 66051
microwave oven.

Horno microondas
mod. HF 66041 de Siemens.

*Forno microonde
mod. HF 66041 di Siemens.*

Siemens HF 66041
microwave oven.

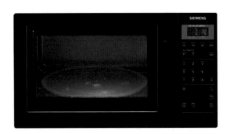

Horno microondas
mod. HF 26561 de Siemens.

*Forno microonde
mod. HF 26561 di Siemens.*

Siemens HF 26561
microwave oven.

Horno microondas
mod. HF 23520 de Siemens.

*Forno microonde
mod. HF 23520 di Siemens.*

Siemens HF 23520
microwave oven.

Horno microondas
mod. HF 66021 de Siemens.

*Forno microonde
mod. HF 66021 di Siemens.*

Siemens HF 66021
microwave oven.

Horno microondas
mod. HF 23550 de Siemens.

*Forno microonde
mod. HF 23550 di Siemens.*

Siemens HF 23550
microwave oven.

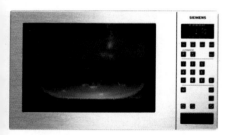

Horno microondas
mod. HF 26551 de Siemens.

*Forno microonde
mod. HF 26551 di Siemens.*

FSiemens HF 26551
microwave oven.

Soluciones para el orden / *Soluzioni per l'ordine*
Solutions for order

"Un sitio para cada cosa y cada cosa en su sitio" es la máxima vigente en el diseño de muebles contenedores. Armarios, cajones, alacenas son un despliegue de ingenio para solventar la distribución racional de utensilios, recipientes y alimentos según pesos, tamaños y frecuencias de uso. El interior de cada módulo se somete a un análisis riguroso para que ninguna superficie quede al margen de la misión ordenadora y distribuidora. Elementos auxiliares para objetos pequeños (colgadores, ganchos o barras) realzan su función con un toque de estilo en su diseño.

"Un posto per ogni cosa e ogni cosa al suo posto" è la frase che riassume la filosofia alla base del design dei mobili contenitori. Armadi, cassettoni, credenze sono una vera e propria dimostrazione di genialità nella risolzione della distribuzione razionale degli utensili, recipienti e degli alimenti a seconda del peso, dimensioni e frequenze d'uso. L'interno di ogni modulo viene sottoposto ad un'analisi rigorosa affinché tutte le superfici svolgano la propria missione di ordine e distribuzione. Elementi ausiliari per oggetti piccoli (attaccapanni, ganci o sbarre) evidenziano la loro funzione con un tocco di classe nello stile design.

"A place for everything and everything in its place" is the rule of thumb in the design of container furniture. Closets, drawers and pantries are a display of ingenuity to resolve the rational distribution of utensils, receptacles and food according to weight, size and frequency of use. The inside of each unit is subjected to a rigorous analysis so that no surface is excluded from the mission of ordering and distribution. Auxiliary elements for small objects (hangers, hooks or bars) enhance their function with a touch of style in their design.

En página anterior
Cocina Star de Nolte.

*Nella pagina precedente
Cucina Star di Nolte.*

Previous page:
Nolte Star kitchen.

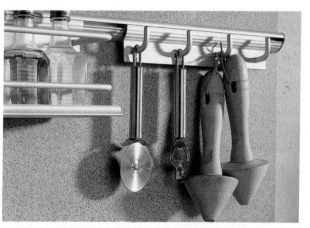

Varilla metálica con ganchos para utensilios de Nolte.

Sbarra metallica con ganci per utensili di Nolte

Metallic rod with hooks for utensils by Nolte.

armarios · *armadi* · closets

Los armarios de cocinas, diseñados según un esquema modular, mantienen propuestas exitosas con nuevas combinaciones que aprovechan los rincones mediante estructuras extraíbles de materiales ultraligeros, así como piezas independientes que rompen con el frente continuo (módulos de trabajo circulares con sobre de madera), buscando el pragmatismo en las puertas plegables o abatibles tanto como en la adición de elementos más propios de otras estancias (archivadores, vitrinas de cristal estructurado, estantes decorativos, ...).

Gli armadi da cucina, disegnati in base ad uno schema modulare, mantengono proposte di successo con nuove combinazioni che approfittano gli angoli mediante strutture estraibili di materiali ultraleggeri, così come pezzi indipendenti che spezzano il fronte continuo (moduli di lavoro circolari con piano di legno), cercando il senso pratico nelle porte pieghevoli o reclinabili e negli elementi più comuni in altre stanze (archiviatori, vetrine di cristallo strutturato, mensole decorative, ...).

Kitchen cabinets, designed according to a modular scheme, maintain successful features with new combinations to take advantage of corners, using pull-out structures made of ultra-lightweight materials, as well as independent pieces which break up the continuous front (circular work units with wooden surface), seeking pragmatism in folding or collapsible doors and in the addition of elements more in keeping with other rooms (filing cabinets, structured glass display cases, decorative shelves, ...).

En página anterior
Armario con puerta de guillotina de Tielsa.

*Nella pagina precedente
Armadio con porta a serranda di Tielsa.*

Previous page:
Closet with guillotine door by Tielsa.

Armario vitrina de 3 puertas de Alno.

Armadio vetrina a 3 porte di Alno.

3 door display cabinet by Alno.

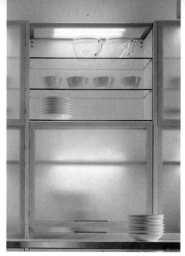

Armarios de Tielsa con estantes de
cristal e independientes.

*Armadi di Tielsa con mensole
di vetro e indipendenti.*

Tielsa cabinets with independent
glass shelves.

Módulo con puerta
corredera de Alno.

*Modulo con porta
scorrevole di Alno.*

Unit with sliding
door by Alno.

Vitrina con luz
interior de Tielsa.

*Vetrina con luce
interna di Tielsa.*

Display cabinet with
interior light by Tielsa.

Armario rinconero con
baldas semicirculares
de Alno.

*Armadio ad angolo con
ripiani semicircolari di
Alno.*

Corner base cabinet
with semi-circular
shelves by Alno.

Armario con especiero e
cara interna de Alnc

*Armadio con porta spezi
sulla superficie interna c
Alnc*

Closet with spice rack o
the inside by Alnc

Módulo extraíble
con puerta
panelada de
Alno.

*Modulo estraibile
con porta
pannellata di
Alno.*

Unit with
panel door
by Alno.

Módulo superior con puerta
semiopaca plegable de Alno.

*Modulo superiore con porta
semiopaca pieghevole di Alno.*

Upper unit with folding
semi-opaque door by Alno.

Doble balda en cara
interna de módulo bajo de
Mobalpa.

*Doppio ripiano sulla superficie
interna del modulo basso di
Mobalpa.*

Double shelf inside
lower unit by Mobalpa.

Rinconero con baldas giratorias
y separadores de Leicht.

*Angoliera con ripiani girevoli e
separatori di Leicht.*

Corner unit with revolving
shelves and dividers by Leicht.

Vitrina de una sola puerta
mod. Tipi de Mobalpa.

*Vetrina di una sola porta
mod. Tipi di Mobalpa.*

Single door display cabinet
Tipi model by Mobalpa.

244

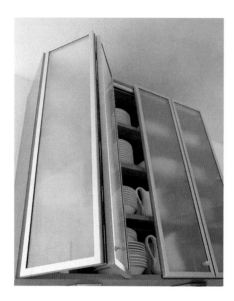

Encimera de trabajo
circular con interior
giratorio de Alno.

Piano di lavoro circolare
con parte interna girevole
di Alno.

Circular work
surface with revolving
interior by Alno.

Módulo con doble puerta
plegable de Alno.

Modulo con doppia porta
pieghevole di Alno.

Unit with double folding
door by Alno.

Detalle de puerta
abatible de Alno.

Dettaglio di porta
a battente di Alno.

Detail of folding
door by Alno.

Serie de estantes entre
módulos de Alno.

Serie di mensole tra
moduli di Alno.

Series of shelves
between units by Alno.

Módulo de 4 estantes y
cajones de Alno.

*Modulo di 4 mensole e
cassetti di Alno.*

Unit with 4 shelves and
drawers by Alno.

Módulo de 4 cajones
archivador de Alno.

*Modulo di 4 cassetti
archiviatore di Alno.*

Unit with 4 filing shelves
by Alno.

Armario vitrina con patas
metálicas de Leicht.

*Armadio vetrina con
piedini metallici di Leicht.*

Display cabinet with
metallic legs by Leicht.

Serie de módulos y
estantes de Leicht.

*Serie di moduli e
mensole di Leicht.*

Series of units and
shelves by Leicht.

Serie de módulos
cuadrados de Alno.

*Serie di moduli
quadrati di Alno.*

Series of shelves between
units by Alno.

trina de dos
uertas de Alno.

etrina a due porte
Alno.

vo door display
binet by Alno.

Armario despensa con
doble puerta plegable de
Febal.

Armadio dispensa con
doppia porta pieghevole
di Febal.

Pantry closet with double
folding door by Febal.

Detalle de estantería
modular de Alno.

Dettaglio di dispensa
modulare di Alno.

Detail of modular
shelf unit by Alno.

En página siguient
Baldaquín con bald
doble y soporte metálic
de Leicht-Als;

Nella pagina successiv
Baldacchino con dopp.
ripiano e support
metallico di Leicht-Als.

Next page
Baldachin with doub
shelf and metallic suppo
by Leicht-Als

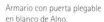

Armario con puerta plegable
en blanco de Alno.

Armadio con porta pieghevole
bianco di Alno.

Cabinet with folding
door in white by Alno.

Armario con puertas
plegables y luz sobre
encimera de Alno.

Armadio con porte
pieghevoli e luce
sul ripiano di Alno.

Cabinet with folding
doors and light above
counter top by Alno.

Módulo rinconero con
tabla de trabajo y baldas
circulares de Alno.

*Modulo angolare con
piano di lavoro e ripiani
circolari di Alno.*

Corner unit with work
board and circular
shelves by Alno.

Armario con doble carro extraíble de Mobalpa.

Armadio con doppio carrello estraibile di Mobalpa.

Cabinet with double pull-out cart by Mobalpa.

Módulo circular para
recipientes de Alno.

*Modulo circolare per
recipienti di Alno.*

Circular unit for
receptacles by Alno.

Conjunto de módulos de
diferentes alturas de Alno.

*Insieme di moduli di diverse
altezze di Alno.*

Set of units of
different heights by Alno.

...dulos con ...rta plegable Mobalpa.	*Moduli con porta pieghevole di Mobalpa.*	Units with folding door by Mobalpa.	Módulo para escurridor con puerta abatible de Alno.	*Modulo per colatore con porta a battente di Alno.*	Unit for draining board with folding door by Alno.

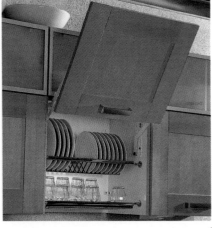

Modelo Sarila de
Mobalpa.

*Modello Sarila di
Mobalpa.*

Sarila model
by Mobalpa.

Módulos de vitrina
bajos de Mobalpa.

*Moduli bassi a vetrina
di Mobalpa.*

Low display case
units by Mobalpa.

Estantes metálicos
Moba⬛

*Mensole metalliche
Moba⬛*

Metallic shel
by Moba

Módulos superiores con
puertas plegables de
Mobalpa.

*Moduli superiori con porte
pieghevoli di Mobalpa.*

Upper units with folding
doors by Mobalpa.

Módulo sobre encimera
de Mobalpa

*Modulo su ripiani
di Mobalpa*

Over counter top unit
by Mobalpa

Módulo con baldas de
madera laminada de Nolte.

*Modulo con ripiani di legno
laminato di Nolte.*

Unit with laminated
wood shelves by Nolte.

258

Rinconera de trabajo
de Nolte.

*Angoliera di lavoro
di Nolte.*

Corner work unit
by Nolte.

Módulo con cierre de
ersiana de Alno.

*Iodulo con chiusura di
ersiana di Alno.*

nit with shutter closure
Alno.

Detalle de vitrina de Mobalpa.

Dettaglio di vetrina di Mobalpa.

Detail of display case by Mobalpa.

Módulo de 4 puertas
de Mobalpa.

*Modulo di 4 porte
di Mobalpa.*

4 door unit
by Mobalpa.

Módulo de 4 estantes
de Alno.

*Modulo di 4 mensole
di Alno.*

Unit with 4 shelves
by Alno.

Módulo rinconero
extraíble de Alno.

*Modulo angolare
estraibile di Alno.*

Pull-out corner
unit by Alno.

Armarios laterales para isla
de trabajo de Leicht.

*Armadi laterali per isola di
lavoro di Leicht.*

Side cabinet for work
island by Leicht.

Módulo aparador
mod. Sarila de Mobalpa.

Credenza mod. Sarila di
Mobalpa.

Sideboard unit
Sarila model by Mobalpa.

Vitrina con puerta
corredera de Mobalpa.

Vetrina con porta
scorrevole di Mobalpa.

Display case with sliding
door by Mobalpa.

Módulo vitrina con 4
baldas de Mobalpa.

Modulo vetrina con 4
ripiani di Mobalpa.

Display case unit with 4
shelves by Mobalpa.

El espacio bajo encimera se organiza en cajones con diversas alturas, desde el cajón plano para cuchillos a las gavetas extraprofundas para platos y cacerolas, con oportunos separadores y topes que evitan deslizamientos al abrir. También caben diferentes niveles en su interior en forma de bandejas extraíbles. Los cajones se constituyen en organizadores gracias a los múltiples modelos insertables para cubiertos, especieros y demás útiles propios de la cocina,... incluso pequeños electrodomésticos con toma de corriente en el interior. Por último, los cajones refrigeradores son el no va más de la cocina moderna.

Lo spazio sotto al piano di lavoro viene organizzato in cassettoni a diverse altezze, dal cassettone piatto per i coltelli ai cassetti ultra profondi per piatti e casseruole, con opportuni separatori e fermi che evitano gli spostamenti quando vengono aperti. Inoltre, all'interno vi sono differenti livelli a forma di vassoi estraibili. I cassettoni vengono trasformati in organizzatori grazie ai molteplici modelli insertabili per posate, porta spezie e altri utensili tipici della cucina,... incluso piccoli elettrodomestici con presa di corrente all'interno. Infine, i cassettoni refrigeratori sono il massimo della cucina moderna.

The space below the counter top is organized in drawers with different heights, from the flat drawer for knives to the extra-deep drawers for plates and pans, with convenient dividers and buffers to avoid slippages when opening. Different levels also fit inside in the form of pull-out trays. The drawers become organizers thanks to the multiple insertable models for cutlery, spice racks and other kitchen utensils,... even small electrical appliances with socket inside. Lastly, refrigerated drawers are the latest thing in modern kitchens.

En página anterior
Organizador para cubertería y legumbres de Mobalpa.

*Nella pagina precedente
Separatore per posate e legumi di Mobalpa.*

Previous page:
Organizer for cutlery and vegetables by Mobalpa.

Cajones con separadores de Nolte.

Cassetti con separatori di Nolte.

Drawers with dividers by Nolte.

Módulo para reciclado
con 3 cubos de Alno.

*Modulo per riciclaggio
con 3 secchi di Alno.*

Recycling unit with 3
bins by Alno.

Módulo con 3 cubos de
reciclado de Alno.

*Modulo con 3 secchi di
riciclaggio di Alno.*

Unit with 3 recycling bins
by Alno.

Módulo extraible con cubo
estante de Alno

*Modulo estraibile con cubo
mensola di Alno*

Pull-out unit with bin
and shelf by Alno

Cajón para cubiertos y especiero de Alno.

Cassetto per posate e porta spezie di Alno.

Drawer for cutlery and spice rack by Alno.

Cajón para cubertería de Alno.

Cassetto per posate di Alno.

Drawer for cutlery by Alno.

Cajón plano para bandejas de Alno.

Cassetto piano per vassoi di Alno.

Flat drawer for trays by Alno.

Gavetas para recipientes grandes de Alno.

Cassettone per recipienti grandi di Alno.

Drawer for large receptacles by Alno.

En página siguiente
Cajones tipo
archivador de Alno.

*Nella pagina successiva
Cassetti tipo
archiviatore di Alno.*

Next page:
Filing cabinet type
drawer by Alno.

Cajón nevera extraíble
de Tielsa.

*Cassetto frigorifero
estraibile di Tielsa.*

Pull-out refrigerated
drawer by Tielsa.

Recipientes con tapa de Alno.

Recipienti con coperchio di Alno.

Receptacles with lid by Alno.

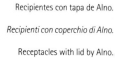

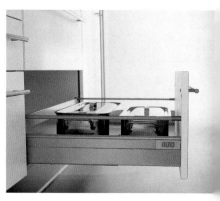

En página siguiente
Cajón intermedio co
separadores antideslizante

*Nella pagina successive
Cassetto intermedio co
separatori antiscivolament*

Next page
Intermediate drawer wit
anti-slip dividers

Cajón con módulo para
tarros de Leicht.

*Cassetto con modulo per
barattoli di Leicht*

Drawer with unit for
jars by Leicht.

Cajón doble ancho para
cubertería y especias.

*Cassetto doppia larghezza
per posate e spezie.*

Double width drawer for
cutlery and spices.

Módulo de 3 cajones
plastificados de Alno.

*Modulo a 3 cassetti
plastificati di Alno.*

Unit with 3 plasticized
shelves by Alno.

Gavetas para cacerolas
de Alno.

*Cassetti contenitori per
casseruole di Alno.*

Drawers for pans
by Alno.

Gavetas bajo encimera
de Mobalpa.

*Cassetti contenitori bassi
per ripiano di Mobalpa.*

Below counter
top drawers
by Mobalpa.

Gaveta doble ancho con
separadores de Poggen.

*Cassetto contenitore
doppia larghezza con
separatori di Poggen.*

Double width drawer
with dividers by Poggen.

Cajón para paños de Alno.

Cassetto per panni di Alno.

Drawer for tea towels and dishcloths by Alno.

Gaveta con
frente curvado
de Leicht.

*Cassetto conte-
nitore curvato di
Leicht.*

Drawer with
curved front by
Leicht.

Gavetas con frente
panelado de Alno.

*Cassetti contenitori con
lato pannellato di Alno.*

Drawer with panel
front by Alno.

Cajón con pivotes
separadores de Leicht.

*Cassetto con
separatori di Leicht.*

Drawer with dividing
pivots by Leicht.

Cajón con soporte para
cortadora de Alno.

*Cassetto con supporto
per tagliere di Alno.*

Drawer with support for
cutter by Leicht.

Gaveta con frente
curvado de Leicht.

*Cassetto contenitore con
lato curvato di Leicht.*

Drawer with curved
front by Leicht.

Cajón con módulo para
cubiertos de Leicht.

*Cassetto con modulo per
le posate di Leicht.*

Drawer with unit for
cutlery by Leicht.

Módulo botellero con
bandeja extraíble de
Leciht.

*Modulo per bottiglie con
vassoio estraibile di
Leciht.*

Bottle rack unit with
pull-out tray by Leicht.

Módulo con doble balda
extraíble de Alno.

*Modulo con doppio
ripiano estraibile di Alno.*

Unit with double pull-out
shelf by Alno.

Módulo de reciclado en isla de trabajo de Leicht.

Modulo di riciclaggio ad isola di lavoro di Leicht.

Recycling unit in work island by Leicht.

Módulo polivalente extraíble de Mobalpa.

Modulo polivalente estraibili di Mobalpa.

Multi-purpose pull-out unit by Mobalpa.

Módulo con dos baldas y dos bandejas de Mobalpa.

Modulo con due ripiani e due vassoi di Mobalpa.

Unit with two shelves and two trays by Mobalpa.

Detalle de módulo de Leicht.

Dettaglio di modulo di Leicht.

Detail of unit by Leicht.

Módulo organizador
de Tielsa.

*Modulo organizzatore
di Tielsa.*

Organizer unit
by Tielsa.

Módulo organizador
con bandeja corredera de
Tielsa.

*Modulo organizzatore
con vassoio scorrevole di
Tielsa.*

Organizer unit
with sliding tray
by Tielsa.

Módulo para cubiertos y cuchillos de Leicht.

Modulo per posate e coltelli di Leicht.

Unit for cutlery and knives by Leicht.

Diversos sistemas
de organizadores
de Alno.

*Diversi sistemi di
organizzatori di
Alno.*

Diverse organizer
systems by Alno.

Módulo bajo fregadero con
cubo de reciclado de Flipper.

*Modulo basso lavandino con
cubo di riciclaggio di Flipper.*

Below sink unit with
recycling bin by Flipper.

Pequeño módulo para
especias de Alno.

*Piccolo modulo per
spezie di Alno.*

Small unit for
spices by Alno.

Módulo cubertero
de Nolte.

*Modulo per posate
di Nolte.*

Cutlery unit
by Nolte.

Módulo para utensilios y
cuchillo de Nolte.

*Modulo per utensili e
coltelli di Nolte.*

Unit for utensils and
knife by Nolte.

Módulo separador
regulable de Nolte.

*Modulo separatore
regolabile di Nolte.*

Adjustable divider
unit by Nolte.

Cajón doble ancho con
separadores de Poggen.

*Cassetto doppia
larghezza con separatori
di Poggen.*

Double width drawer
with dividers by Poggen.

Cocina Mobalpa
mod. Sarila.

*Cucina Mobalpa
mod. Sarila.*

Mobalpa kitchen
Sarila model

Módulos organizadores
de Mobalpa

*Moduli organizzatori
di Mobalpa.*

Organizer units by
Mobalpa.

Módulos organizadores
de Poggen.

*Moduli organizzatori
di Poggen.*

Organizer units
by Poggen.

despensa   *dispensa*   larder

Los alimentos de larga conservación se guardan en alacenas empotradas con doble puerta, algunas veces con rejillas en la cara interna a fin de aprovechar al máximo el espacio disponible y no perder los productos menos utilizados. Los módulos extraíbles estilo farmacia se organizan en diversas alturas mediante rejillas de aluminio para ser también botelleros, aprovechando espacios estrechos que de otra manera quedarían infrautilizados.

Gli alimenti a lunga conservazione vanno custoditi in dispense a muro a doppia porta, a volte con retine nella parte interna al fine di usufruire al massimo di tutto lo spazio disponibile e non sprecare i prodotti meno utilizzati. I moduli estraibili tipo quelli che si utilizzano nelle farmacie vengono organizzati su diverse altezze mediante griglie in alluminio per farne dei porta bottiglie, approfittando spazi stretti che altrimenti rimarrebbero inutilizzati.

Long-term conservation foods are kept in built-in storage units with double doors, sometimes with racks on the inside face to make maximum use of the available space and not lose the least used products. The pharmacy-style pull-out units are organized in diverse heights by means of aluminum racks so that they can also be used as bottle racks, taking advantage of narrow spaces which would otherwise remain under-used.

En página anterior
Módulo despensa
extraíble de Alno.

*Nella pagina precedente
Modulo dispensa
straibile di Alno.*

Previous page:
pull out larder unit
by Alno.

Organizador para tarros y
auxiliares de Alno.

*Organizzatore per barattoli e
ausiliari di Alno.*

Organizer for jars and
auxiliary items by Alno.

Módulo despensa con
estantes de rejilla de Alno.

*Modulo dispensa con
mensole a grata di Alno.*

Cabinet unit with
grille shelves by Alno.

Módulo despensa rinconero
de Alno.

*Modulo dispensa angolare
di Alno.*

Corner larder
unit by Alno.

Módulo polivalente de 4
baldas de Alno.

*Modulo polivalente di 4
ripiani di Alno.*

Multi-purpose unit with
4 shelves by Alno.

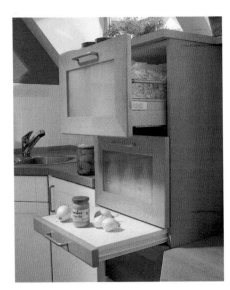

Módulo despensa doble
fondo de Alno.

*Modulo dispensa doppio
fondo di Alno.*

False bottomed
unit by Alno.

Módulo con doble gaveta y
tabla de corte de Alno.

*Modulo con doppio cassettone
e tagliere di Alno.*

Unit with double drawer and
chopping board by Alno.

Módulo extraíble con
puerta panelada de Alno.

*Modulo estraibile con
porta pannellata di Alno.*

Pull-out unit with
panel door by Alno.

Cajones de mimbre para
productos frescos de
Leicht.

*Cassetti di vimini per
prodotti freschi di Leicht.*

Wicker drawers for fresh
produce by Leicht.

Cajones de mimbre con
tiradores de Alno.

*Cassetti di vimini con
maniglie di Alno.*

Wicker drawers with
handles by Alno.

Cajones de mimbre con
tiradores de Alno.

*Cassetti di vimini con
maniglie di Alno.*

Wicker drawers with
handles by Alno.

Módulo con cestas y
bandejas de Alno.

*Modulo con cesti e
vassoi di Alno.*

Unit with baskets and
trays by Alno.

Módulos para
nvasados y
erduras de
no.

*Moduli per pro-
dotti in scatola
e verdure di
Alno.*

Units for
packaged foods
and vegetables
by Alno.

291

Despensa con estantes
encarados de Alno

*Dispensa con mensole
frontali di Alno*

Larder with fitted shelves
by Alno

Módulo para reciclado
de Tielsa.

*Modulo per il riciclaggio
di Tielsa.*

Recycling unit
by Tielsa.

Módulo triple balda de
Leicht.

*Modulo a tre ripiani di
Leicht.*

Triple shelf unit by Leicht.

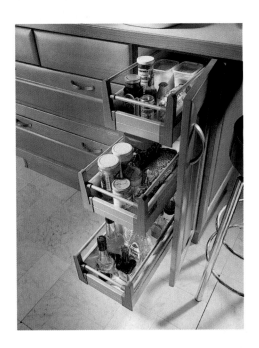

Módulo despensa
rinconero y con estantes
encarados de Mobalpa.

*Modulo dispensa angolare
e con mensole frontali di
Mobalpa.*

Corner larder
unit with fitted
shelves by Mobalpa.

Módulo triple cajón
extraíble de Alno.

*Modulo a tre cassetto
estraibile di Alno.*

Pull-out triple drawer
unit by Alno.

Módulo con doble
fondo de Poggen.

*Modulo con doppio
fondo di Poggen.*

False bottomed
unit by Poggen.

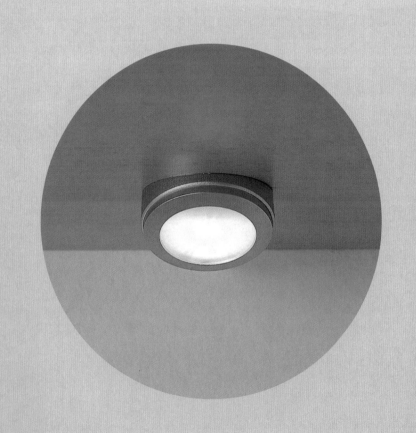

Iluminación / *Illuminazione*
Lighting

Una buena iluminación debe considerar el espacio completo y las zonas de trabajo sobre las encimeras. Tanto para la luz ambiental como para la puntual se puede elegir entre luces empotradas (focos) y exentas(lámparas). El neón o el fluorescente son de bajo consumo y gran duración mientras que las halógenas son buenas para las zonas de trabajo y como luz de apoyo en la campana extractora. Últimamente, se han introducido las lámparas de diseño industrial como luz ambiente. Recuérdese que la suma de luz puntual y ambiental forma claroscuros que pueden crear efectos desagradables en una zona diseñada para ser aséptica.

Una buona illuminazione deve sempre prendere in considerazione lo spazio completo e le zone di lavoro sui piani. Sia per la luce ambiente che per quelle specifiche è possibile scegliere tra luci a muro (faretti) e a luce diffusa (lampade). Il neon o il fluorescente sono di basso consumo e di gran durata mentre invece quelle alogene sono ottimali per illuminare le zone di lavoro e come luci di appoggio sulla cappa. Negli ultimi tempi si stanno utilizzando molto le lampade di design industriale come luci ambiente. Non va dimenticato che la somma della luce specifica e ambientale forma chiaroscuri che possono creare effetti sgradevoli in una zona pensata per essere asettica.

Good lighting must take account of the wholes space as well as the work areas and counter space. Both general lighting and spotlights can be either recessed or freestanding. Neon or fluorescent lighting consume less energy and last longer, while halogens are good for work areas and as back-ups in extractor hoods. Lamps of industrial design have been introduced as general (ambience) lighting. It should be borne in mind that spotlights plus general lighting cast shadows that can create undesirable effects in a space designed to be aseptic.

En página anterior
foco halógeno de Alno.

*Nella pagina precedente
faretto alogeno di Alno.*

Previous page:
Alno halogen spotlight.

Lámparas bajo armario con tomas de luz de Alno.

Lampada armadio basso con prese di luce di Alno.

Alno lamps beneath a shelf with incorporated sockets.

Lámpara bajo armario
de Alno.

*Lampada armadio basso
di Alno.*

Alno lamp beneath
a shelf.

Lámpara de neón
de Alno.

Lampada di neon di Alno.

Alno neon lamp.

Foco halógeno con toma
de corriente de Alno.

*Faretto alogeno con
presa di corrente di Alno.*

Alno halogen spotlight
with socket.

Serie de 2 lámparas
halógenas de Alno.

*Serie di 2 lampade
alogene di Alno.*

Alno halogen lamps.

Serie de 3 lámparas
halógenas de Alno.

*Serie di 3 lampade
alogene di Alno.*

Alno halogen lamps.

Vitrinas con iluminación
interior de Casawell.

*Vetrine con illuminazione
interna di Casawell.*

Casawell lighted cases.

Tubo de neón bajo
armario de Martinica.

*Tubo di neon armadio
basso di Martinica.*

Martinica neon tube
beneath a cabinet.

Vitrinas con iluminación
interior de Tielsa.

*Vetrine con illuminazione
interna di Tielsa.*

Tielsa lighted cases.

Vitrina con iluminación
interior de Casawell.

*Vetrina con illuminazione
interna di Casawell.*

Casawell lighted cases.

301

Extractor con halógenos de Giamaica.

Cappa con luci alogene di Giamaica.

Giamaica recessed spotlights beneath a cabinet.

Detalle de focos halógenos para extractor decorativo de Giamaica.

Dettaglio di faretti alogeni per cappa decorativa di Giamaica.

Detail of Giamaica halogen spotlights in a decorative extractor.

Halógenos empotrados bajo armario de Giamaica.

Luci alogene a muro armadio basso di Giamaica.

Giamaica halogen spotlights in a decorative extractor.

Vitrinas con iluminación interior de Mobalpa.

Vetrine con illuminazione interna di Mobalpa.

Mobalpa lighted cases.

Lámparas halógenas de Mobalpa.

Lampade alogene di Mobalpa.

Mobalpa halogen lamps.

Tubo de neón *Tubo di neon* Neon tube
bajo armario de *armadio basso* beneath Martinica
Martinica. *di Martinica.* cabinet.

Campana decorativa
mod. Lemon de Febal.

*Cappa decorativa
mod. Lemon di Febal.*

Febal Lemon model
decorative extractor
hood.

Campana decorativa
mod. Lido de Nolte.

*Cappa decorativa
mod. Lido di Nolte.*

Nolte Lido model
decorative extractor hood.

Campana decorativa
de Mobalpa.

*Cappa decorativa
di Mobalpa.*

Mobalpa decorative
extractor hood.

Campana decorativa mod.
Milano de Nolte.

*Cappa decorativa
mod. Milano di Nolte.*

Nolte Milano model
decorative extractor hood

307

Focos sobre encimera
mod. Dallas de Nolte.

Faretti per sopra piano
mod. Dallas di Nolte

Spotlights over Nolde
Dallas model cabinet

Halógenos bajo
armario mod.
Life de Nolte.

Luci alogene basso
armadio mod. Life
di Nolte.

Halogen lamps
beneath Nolde Life
model.

Halógenos bajo armario
mod. Natura de Nobilia

Luci alogene armadio basso
mod. Natura di Nobilia

Halogens beneath Nobilia
Natura model cabinet

308

Halógenos mod.
Lineade Nolte.

Luci alogene mod. Línea de Nolte.

Nolte Lineade model halogens.

309

Focos bajo armario
mod. Ravenna de
Nolte.

*Faretti armadio
basso
mod. Ravenna
di Nolte.*

Spotlights beneath
Nolte Ravenna
model cabinet.

Vitrina con
iluminación interior
mod. Brat de Sarila.

*Vetrina con
illuminazione
interna mod. Brat
di Sarila.*

Sarila Brat model
lighted case.

Halógenos mod. Lago de Nolte.

Luci alogene mod. Lago di Nolte.

Nolte Lago model halogens.

ocos bajo rmario mod. rion de Nobilia.

Faretti armadio basso mod. Orion di Nobilia.

Spotlights beneath Nobilia Orion model cabinet.

Halógenos sobre armarios
mod. Pia de Nobilia.

*Luci alogene su armadi
mod. Pia di Nobilia.*

Halogens beneath Nobilia Pia
model cabinets.

Mod. Playa de Febal

Mod. Playa di Febal

Febal Playa model

Módulos con luz
interior de
Mobalpa.

*Moduli con luce
interna di
Mobalpa.*

Mobalpa
modules with
interior lighting.

ámparas mod.
Orade Mobalpa.

*Lampade mod.
Ora di Mobalpa.*

Mobalpa Orade
model lamps.

Serie de halógenos
mod. Tivolide Nobilia.

*Serie di alogene mod.
Tivoli di Nobilia.*

Nobilia Tivolide model
halogen series.

Mod. Pia de Nobilia

Mod. Pia di Nobilia

Nobilia Pia model

riginal modelo de Nolte.

riginale modello di Nolte.

olte original model.

Luz cenital mod. Orion de Nobilia.

Luce mod. Orion di Nobilia.

Nobilia Orion model skylight.

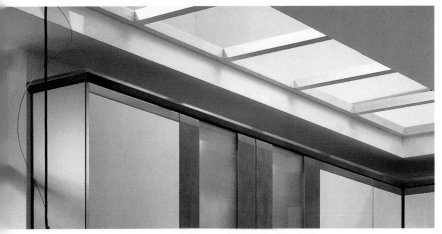

Áreas de la cocina / *Aree della cucina*
Areas of the kitchen

La cocina se divide en tres zonas principales: preparación, cocción y lavado, mientras que el almacenamiento se reparte por todos los frentes, tanto en los armarios superiores como inferiores y anexos. Actualmente, se tiende a incluir en la cocina un área para comer, cuyo tamaño varía en función de las necesidades de cada familia, a veces juntando dos estancias en una. Los principios de la ergonomía aconsejan distribuir las distintas áreas de modo que siga la secuencia natural de trabajo para ahorrar movimientos superfluos que pueden derivar en fatiga.

La cucina si suddivide in tre zone principali: preparazione, cottura e lavaggio, mentre invece l'immagazzinaggio viene suddiviso su tutti i fronti, sia negli armadi superiori che inferiori e annessi. Attualmente, si tende a inserire nella cucina un'area riservata al pranzo, la cui dimensione varia a seconda delle necessità di ogni famiglia, a volte si uniscono due zone in una. I principi dell'ergonomia suggeriscono di distribuire le diverse aree in modo tale da seguire la sequenza naturale di lavoro per risparmiare movimenti superflui che possono affaticare.

The kitchen is divided into three main areas: preparation, cooking and washing, while storage is distributed on all fronts, whether in upper, lower or additional closets. Currently, there is a tendency to include an eating area in the kitchen. The size varies according to the needs of each family, sometimes joining two rooms in one. The principles of ergonomics recommend that the distribution of the different areas follow the natural flow of work to save on superfluous movements which could result in fatigue.

Cocina Miele con mesa de cristal y aluminio.

Cucina Miele con tavolo di cristallo e alluminio.

Miele kitchen with glass and aluminum table.

Preparación

Preparazione

Preparation

Las cocinas actuales se componen de armarios modulares que siguen la longitud de la pared, siendo la encimera la zona habilitada para preparación, normalmente situada junto en los espacios liberados por la zona de cocción y lavado. El sobre de trabajo tiene que ser de un material fácil de limpiar, con predominio de los naturales: madera, mármol, granito y la firme competencia de los sintéticos que triunfan por su versatilidad, así como el acero, adoptado de las cocinas profesionales.

Le cucine attuali sono composte da armadi modulari che occupano tutta la lunghezza della parete e il ripiano diventa la zona abilitata per la preparazione, normalmente situata nei pressi degli spazi liberati dalla zona di cottura e lavaggio. Il piano di lavoro deve essere di un materiale facile da pulire, con predominio dei materiali naturali: legno, marmo, granito e la forte competenza dei sintetici che trionfano per la loro versatilità, così come l'acciaio utilizzato per le cucine professionali.

Current kitchens consist of closet units which run the length of the wall, with the counter top being the area devoted to preparation. It is normally situated in the spaces left free by the cooking and washing area. The work surface must be made of an easy to clean material, with a predominance of natural materials: wood, marble, granite and the solid competence of synthetic materials which triumph because of their versatility, as well as steel, adopted from professional kitchens.

En página anterior
Vitrina entre módulos con 3 tomas de corriente de Miele.

Nella pagina precedente
Vetrina tra moduli con 3 prese di corrente di Miele.

Previous page:
Display case between units with 3 sockets by Miele.

Vitrina con puerta corredera y armarios superiores abatibles de Miele.

Vetrina con porta scorrevole e armadi superiori reclinabili di Miele.

Display case with sliding door and possible overhead cabinets by Miele.

Encimera de trabajo saliente con perfil curvo y sobre sintético de Leicht.	*Piano di lavoro sporgente con profilo curvato e piano sintetico di Leicht.*	Overhanging counter top with curved profile and synthetic surface by Leicht.

Módulo con cierre de persiana con orificio para cuchillos de Poggen.

Modulo con chiusura di persiana con foro per coltelli di Poggen.

Unit with shutter closure with slide-in knife storage by Poggen.

Conjunto de módul
bicolor de Leich

*Serie di mod
bicolore di Leic.*

Set of two-color
units by Leic

Zona de preparación del
mod. Le Foglie de Florida.

*Zona di preparazione del
mod. Le Foglie di Florida.*

Preparation area of the
model Le Foglie by Florida.

Módulo circular con
encimera de madera mod.
Milano 781 de Nolte.

*Modulo circolare con ripiano
di legno mod.
Milano 781 di Nolte.*

Circular unit with
wooden counter top model
Milano 781 by Nolte.

Fregadero blanco con tabla de
cortar corredera de Nolte.

*Lavandino bianco con tagliere
scorrevole di Nolte.*

White sink with sliding
chopping board by Nolte.

Frente de cocina
mod. Venus de Florida.

*Lato cucina
mod. Venus di Florida.*

Kitchen front
model Venus by Florida.

Península de trabajo
bicolor de Alno.

*Penisola di lavoro
bicolore di Alno.*

Two-colored work
peninsul by Alno.

Isla de preparación con
serie de cajones de Alno.

*Isola di preparazione con
serie di cassetti di Alno.*

Preparation island with
series of drawers by Alno.

a de trabajo central de Alno.

ola di lavoro centrale di Alno.

ntral work island by Alno.

Frente de cocción con
mesa plegable de Alno.

*Lato cottura con tavolo
pieghevole di Alno.*

Cooking front with
folding table by Alno.

Cocina laminada
en blanco de Alno.

*Cucina laminata
in bianco di Alno.*

Laminated kitchen
in white by Alno.

Mesa extensible
mod. Trendy de Florida.

*Tavolo allungabile
mod. Trendy di Florida.*

Extensible table
model Trendy by Florida.

Cocina en U de Alno.

Cucina a U di Alno.

U-shaped kitchen
by Alno.

Módulo de trabajo central
mod. Cortina de Nobilia.

*Modulo di lavoro centrale
mod. Cortina di Nobilia.*

Central work unit model
Cortina by Nobilia.

Módulo con ruedas
mod. Cosmo de Nobilia.

*Modulo con rotelle
mod. Cosmo di Nobilia.*

Unit with wheels
model Cosmo by Nobilia.

Isla de trabajo con mesa de comer adosada mod. Ravenna 853 de Nolte.

Isola di lavoro con tavolo di fianco mod. Ravenna 853 di Nolte.

Work island with attached eating table model Ravenna 853 by Nolte.

Isla de cocción con barra comedor mod. Flair de Nolte.

Isola di cottura con banco mensola mod. Flair di Nolte.

Cooking island with dining bar model Flair by Nolte.

Gran isla de lavado y preparación
con barra elevada para desayunos
mod. Milano 781 de Nolte.

*Gran Isola di lavaggio e preparazione
con sbarra elevata per colazioni
mod. Milano 781 di Nolte.*

Large washing and preparation
island with raised breakfast bar
model Milano 781 by Nolte.

Lavado   *Lavaggio*   Washing

La zona de lavado acostumbra a situarse debajo de una ventana para hacer la tarea menos enojosa, aunque las tendencias actuales se saltan estas normas para presentar islas o penínsulas de lavado que captan toda la atención visual en esa tarea. Los fregaderos se fabrican en acero inoxidable y porcelana con un auge cada vez mayor de los materiales sintéticos que imitan perfectamente los tradicionales en los modelos rústicos y clásicos. Los modelos más sofisticados cuentan con bandejas para enjuagar o escurrideros inclinados con desagüe y estrías para encajar la tabla de cortar.

La zona di lavaggio di norma si trova sotto ad una finestra per fare di questo compito un lavoro meno noioso, sebbene le tendenze attuali saltano queste norme per presentare isole o penisole di lavaggio che catturano tutta l'attenzione visiva su questo compito. I lavandini vengono fabbricati in acciaio inossidabile e porcellana con prevalenza, sempre maggiore, dei materiali sintetici che imitano perfettamente i materiali tradizionali nei modelli rustici e classici. I modelli più sofisticati hanno vassoi per l'inserimento di colatori inclinati con scolo e striature per incastrarvi il tagliere.

The washing area is usually situated below a window to make the task less tedious, although the current trend is to skip these rules to present washing islands or peninsulas which capture all the visual attention in this task. Sinks are manufactured in stainless steel and porcelain with an ever increasing use of synthetic materials which perfectly imitate traditional ones in rustic and classical models. The most sophisticated models have rinsing trays or sloping draining boards with drainage and fluting to fit the chopping board.

En página anterior
sla de lavado con dos senos
mod. Lof de Mobalpa-Sarila.

*Nella pagina precedente
sola di lavaggio con due cestelli
mod. Lof di Mobalpa-Sarila.*

Previous page:
Washing island with two bowl
model Lof by Mobalpa-Sarila.

egadero en acero inox. de un seno con
scurridor y tabla de cortar de Casawell.

*andino in acciaio inox ad un cestello
con colatore e tagliere di Casawell.*

Single bowl stainless steel sink
with draining board and
chopping board by Casawell.

Fregadero en acero inox.
y repisa posterior con
orificios de Martinica.

*Lavandino in acciaio inox
e spazio posteriore con
fori di Martinica.*

Stainless steel sink and
rear shelf with orifices by
Martinica.

Fregadero de acero inox. con dos
senos y grifo manguera de Alno.

*Lavandino in acciaio inox con due
cestelli e rubinetto di Alno.*

Two-bowl stainless steel sink
with mixer tap by Alno.

Fregadero de un seno con
bandeja para lavado y
escurridor con desagüe de Alno.

*Lavandino ad un cestello con
vassoio per lavaggio e colatore con scolo
di Alno.*

Single bowl sink with
washing tray and
draining board with drainage by Alno.

Fregadero de acero inox. mod. Mixer 2000 de Florida.

Lavandino di acciaio inox mod. Mixer 2000 di Florida.

Stainless steel sink model Mixer 2000 by Florida.

| Peninsula con fregadero de dos senos mod. Everg de Febal. | *Penisola con lavandino a due cestelli mod. Everg di Febal.* | Peninsula with two-bowl sink model Everg by Febal. | Fregadero de acero inox. de dos senos bajo encimera sintética de Elledue/House. | *Lavandino di acciaio inox a due cestelli ripiano basso sintetico di Elledue/House.* | Double basin stainless steel sink below synthetic counter top by Elledue/House. |

Fregadero curvo con
escurridor trasero de
Leicht.

*Lavandino curvato
con colatore
posteriore di Leicht.*

Curved sink with rear
draining board
by Leicht.

Fregadero de dos senos en
material sintético mod.
Sintesi de Florida.

*Lavandino con due cestelli
con materiale sintetico mod.
Sintesi di Florida.*

Two-bowl sink in synthetic
material model Sintesi
by Florida.

Península de lavado con
tabla de cortar corredera
de Leicht.

*Penisola di lavaggio con
tagliere estraibile di
Leicht.*

Washing peninsula with
sliding chopping board
by Leicht.

Fregadero rústico Alsa
de Leicht.

*Lavandino rustico Alsa
di Leicht.*

Alsa rustic sink
by Leicht.

En página anterior
Fregadero de acero inox.
con bandeja de escurrir y
tabla de cortar encajable
mod. Old Style de Florida.

*Nella pagina precedente
Lavandino di acciaio inox
con vassoio e tagliere
incastrabile mod. Old Style
di Florida.*

Previous page:
Stainless steel sink with
draining board and slot-in
chopping board model Old
Style by Florida.

Península co
fregadero incrustad
mod. Flora de Feba

*Penisola con lavandin
incrostato mod. Flor
di Feba*

Peninsula wit
embedded sink mod
Flora by Feba

Fregadero de dos senos
para rincón de Mobalpa.

*Lavandino con due cestelli
ad angolo di Mobalpa.*

Dual sink for
corners by Mobalpa.

Fregadero redondo de
acero inox. de Nolte.

*Lavandino rotondo di
acciaio inox di Nolte.*

Round stainless steel
sink by Nolte.

Fregadero en acero inox.
con escurridor de
Mobalpa.

*Lavandino in acciaio inox
con colatore di Mobalpa.*

Stainless steel sink with
draining board by
Mobalpa.

Fregadero ala de maripos
en acero inox. de Nolt

Lavandino ala di farfalla
acciaio inox di Nolt

Butterfly wing stainless ste
sink by Nolt

Fregadero
mod. Ergonomie
de Nolte.

*Lavandino
mod. Ergonomie
di Nolte.*

Ergonomic model
sink by Nolte.

Fregadero de dos seno
incrustado en isla de trabaj
mod. Lof de Mobalpa-Sarila

*Lavandino di due cestel
incassati nell'isola di lavor
mod. Lof di Mobalpa-Sarile*

Dual sink in work islan
model Lof by Mobalpa-Sarila

Fregadero mod. Brat
de Mobalpa.

*Lavandino mod. Brat
di Mobalpa.*

Sink Brat model
by Mobalpa.

Fregadero de un seno e
acero inox. de Casawe

*Lavandino con u
cestello in acciaio inox
Casawe*

Single bowl stainle
steel sink by Casawe

Fregadero en mat. Sintético
mod. Ora de Mobalpa.

*Lavandino in mat. sintetico
mod. Ora di Mobalpa.*

Sink in synthetic material
model Ora by Mobalpa.

Fregadero con triturador
mod. Tos de Mobalpa.

*Lavandino con trituratore
mod. Tos di Mobalpa.*

Sink with garbage disposal
unit model Tos by Mobalpa.

Fregadero extralargo
de Alno.

*Lavandino ultra lungo
di Alno.*

Extra-long sink by Alno.

Fregadero blanco estilo
rústico de Mobalpa.

*Lavandino bianco stile
rustico di Mobalpa.*

Rustic style white sink
by Mobalpa.

Cocción   *Cottura*   Cooking

Los últimos modelos se decantan por la omnipresencia de las placas de cocción vitrocerámicas o de inducción con formas irregulares pensando en las diferentes necesidades de sus eventuales usuarios. Los hornos se presentan en frente continuo con la placa de cocción o empotrados en una columna a media altura, junto al ya imprescindible microondas. La campana extractora se convierte en un elemento decorativo que realza su función esencial dentro de la cocina más actual.

Gli ultimi modelli preferiscono l'onnipresenza dei piani di cottura in vetroceramica o ad induzione con forme irregolari pensando alle diverse necessità dei suoi eventuali utenti. I forni si presentano a modulo continuo con i piani di cottura o a muro in una colonna a mezza altezza, insieme al già imprescindibile forno a microonde. La cappa si converte in un elemento decorativo che rialza la sua funzione essenziale all'interno della cucina più comune.

The latest models favor the omnipresence of ceramic or induction hobs with irregular shapes, planned for the needs of their users. Ovens are presented in a continuous front with the hob or built into a column at medium height, together with the now indispensable microwave. The extractor hood becomes a decorative element which highlights its essential function in the most up-to-date kitchen.

En página anterior
Módulo de cocción profesional
Mod. Lof de Mobalpa.

*Nella pagina precedente
Modulo di cottura professionale
Mod. Lof di Mobalpa.*

Previous page:
Professional cooking unit model
Lof by Mobalpa.

Placa de cocción con extractor de Miele.

Piano di cottura con cappa di Miele.

Cooking hob with extractor by Miele.

Placa vitrocerámica de
Leicht.

*Piano vetroceramica di
Leicht.*

Ceramic hob by Leicht.

Frente de occión con
extractor de Leicht.

*Piano di cottura con
cappa di Leicht.*

Cooking front with
extractor by Leicht.

Placa de cocción de 4
fuegos de Leicht.

*Piano di cottura a 4
fornelli di Leicht.*

Cooking hob with 4
rings by Leicht.

Módulo de cocción con
frente de madera de
Leicht.

*Modulo di cottura con
lato di legno di Leicht.*

Cooking unit with
wooden front by Leicht.

Placa para un fuego de
Siemens.

*Piano a un fornello di
Siemens.*

Hob for one ring
by Siemens.

Placa de cocción
horno de Whirlp

*Piano di cottura
forno di Whirlp*

Cooking hob with o
by Whirlp

Placa de cocción para 3 fuegos de Mobalpa.

Piano di cottura a 3 fornelli di Mobalpa.

Cooking hob for 3 rings by Mobalpa.

Quemadores de gas ' horno de Mobalpa

Fornelli a gas forno di Mobalpo

Gas burners and ove by Mobalpa

Placa de cocción extralarga de Alsa.

Piano di cottura ultra lungo di Alsa.

Extra-long cooking hob by Alsa.

Placa de cocción para gas de
Mobalpa.

*Piano di cottura per gas di
Mobalpa.*

Cooking hob for gas
by Mobalpa.

Módulo de cocción con
extractor de Siematic.

*Modulo di cottura con
estrattore di Siematic.*

Cooking unit with
extractor by Siematic

Módulo con placa de
cocción y horno de Macro
Element.

*Modulo con piano di
cottura e forno di Macro
Element.*

Unit with cooking
hob and oven by Macro
Element.

En página siguien
módulo con placa
cocción, horno y extrac

*Nella pagina success
modulo con piano
cottura, forno ed estratt*

Following pa
Unit with cook
hob, oven and extract

Placa vitrocerámica y
extractor de Mobalpa.

*Piano vetroceramica ed
estrattore di Mobalpa.*

Ceramic hob and
extractor by Mobalpa.

Placa con 5 quemadores
de gas mod. Mixer 2000
de Florida.

*Piano con 5 fornelli a gas
mod. Mixer 2000
di Florida.*

Hob with 5 gas burners
model Mixer 2000
by Florida.

Placa vitrocerámica y
extractor plano de
Mobalpa.

*Piano vetroceramica ed
trattore piatto di Mobalp*

Ceramic hob and
flat extractor by Mobalp

Frente de cocción con horno
extractor de Siemens

*Piano di cottura con
forno e cappa di Siemens.*

Cooking front with ove
and extractor by Siemens

Frente de cocción
continuo de Mobalpa.

*Piano di cottura continuo
di Mobalpa.*

Continuous cooking
front by Mobalpa.

Cocina profesional
mod. Ora de Mobalpa

*Cucina professiona
mod. Ora di Mobalp*

Professional kitche
model Ora by Mobalpa

Baños · *Bagni* · Bathrooms

Modernos | *Moderni* | **Modern**

 Rústicos y Clásicos | *Classici e Rustici*
Rustic and Classic

 Muebles | *Móbili* | Furniture

 Lavabos | *Lavandini* | Sinks

 Sanitarios | *Sanitari* | Sanitary

 Accesorios | *Accessori* | Accessories

 Griferia | *Rubinetteria* | Faucets

 Bañeras | *Vasche* | Bathtubs

 Duchas | *Docce* | Showers

 Iluminación | *Illuminazione* | Lighting

Modernos / *Moderni*
Modern

Las últimas tendencias en cuartos de baño marcan el triunfo de la línea recta en los muebles, la mayoría sobre patas, sin demasiados homenajes a otras épocas. Por el contrario, las audacias se compensan con los materiales tradicionales (porcelana) presentados bajo formas insólitas en los lavabos y la sofisticación de la propuesta, que quiere convertir el baño en una mezcla de sobriedad y señorío para asentar la síntesis de una estancia de la vivienda convertida en laboratorio de la salud y salón de belleza.

Le ultime tendenze per ciò che riguarda l'arredamento della stanza da bagno mettono in chiara evidenza il successo delle linee rette, la maggioranza del mobilio presenta piedi mentre è privo di dettagli che richiamino alla memoria altre epoche. Al contrario, l'audacia delle linee viene compensata dall'utilizzo di materiali tradizionali (porcellana) presentati sotto forme poco comuni nei bagni e la sofisticazione della proposta, che vuole trasformare il bagno in un miscuglio di sobrietà ed eleganza, ha la pretesa di trasformare questa stanza in un vero e proprio laboratorio della salute e salone di bellezza.

The latest tendencies in bathrooms mark the triumph in straight-line furniture, the majority on legs, without very many references to past ages. On the other hand, daring is compensated by the traditional materials used (porcelain) in the sinks' unique low forms. And there is further compensation in the overall design, which converts the bath into a blend of the plain and the magnificent, a synthesis of one room in the house that takes on the function of health and beauty.

En página anterior
Mod. Vero de Duravit.

*Nella pagina precedente
Mod. Vero di Duravit.*

Preceding page:
Duravit Vero model.

Sanitarios de porcelana
en entorno rústico.

*Sanitari di porcellana
in ambientazione rustica.*

Porcelain bathroom ensembles.

Lavabo-columna Euclide de Rapsel.

Lavandino-colonna Euclide di Rapsel.

Raspel Euclide column sink.

Sendos diseños de Storch/Ehlers.

Vari disegni di Storch/Ehlers.

Storch/Ehlers designs.

Sendos diseños de Storch/Ehler.

Vari disegni di Storch/Ehler

Storch/Ehlers design

Mod. Teo-Gaia de Elledue.

Mod. Teo-Gaia di Elledue.

Teo-Gaia/Elledue model.

Mod. Flash de Roca.

Mod. Flash di Roca.

Roca Flash model.

Mod. Teo-Gai
de Elledu

*Mod. Teo-Ga
di Elledu*

Teo-Gaia/Elledu
AE mode

370

Modelo Teo-Gaia de Elledue.

Modello Teo-Gaia di Elledue.

Teo-Gaia/Elledue AE model.

Mod. Dama de Roca.

Mod. Dama di Roca.

Roca Dama model.

En página anterior
Mod. Face to face 1 de
Villeroy

*Nella pagina precedente
Mod. Face to face 1 di
Villeroy*

Previous page
Villeroy Face-to-Face 1
model

Cuarto de baño con lavabos
dobles de Roca,

*Bagno con lavandini
doppi di Roca.*

Roca bathroom with two sinks.

Mod. Sydney de Roca.

Mod. Sydney di Roca.

Roca Sydney model.

Mod. Meridian de Roca.

Mod. Meridian di Roca.

Roca Meridian model.

Mod. Victoria de Roca.

Mod. Victoria di Roca.

Roca Victoria model.

Mod. Giralda de Roca.

Mod. Giralda di Roca.

Roca Giralda model.

Mod. Civic de Roca.

Mod. Civic di Roca.

Roca Civic model.

Mod. Regata de Roca.

Mod. Regata di Roca.

Roca Regata model.

Mod. FS26 de la serie
Zodiaco de Copat.

*Mod. FS26 della serie
Zodiaco di Copat.*

Copat Zodiaco series
model FS26.

Un modelo de la serie
Style de Puris.

Un modello della serie
Style di Puris.

One of the models in the
Puris Style series.

Mod. Teo-Gaia de Elledue.   *Mod. Teo-Gaia di Elledue.*   Elledue Teo-Gaia model.

Mod. Teo-Gaia
de Elledue.

*Mod. Teo-Gaia
di Elledue.*

Elledue Teo-Gaia mod

Mod. FS23 de la serie
Zodiaco de Copat.

*Mod. FS23 della serie
Zodiaco di Copat.*

Copat Zodiaco series,
model FS23.

Modelos Zodiaco
de Elledue.

*Mododelli Zodiaco
di Elledue.*

Zodiaco Elledue model.

Mod. FS40 de la serie
Zodiaco de Copat.

*Mod. FS40 di la serie
Zodiaco di Copat.*

Elledue-Zodiaco
model FS40.

Mod. FS39 de la serie
Zodiaco de Copat.

*Mod. FS39 della serie
Zodiaco di Copat.*

Copat Zodiaco series,
model FS39.

Mod. Zodiaco
de Elledue.

*Mod. Zodiaco
di Elledue.*

Elledue Zodiaco model.

En página anterior
Mod. Zodiaco
de Elledue.

Nella pagina precedente
Mod. Zodiaco
di Elledue.

Previous page
Elledue-Zodiaco model

Serie Teo-Gaia de Elledue.

Serie Teo-Gaia di Elledue.

Teo-Gaia/Elledue Serie.

En página siguiente
Detalle de la serie
modular Teo-Gaia de Elledue

Nella pagina successiva
Dettaglio della serie modulare
Teo-Gaia di Elledue

Next page
Detail of Teo-Gaia/Elledue
modular serie

Detalle de la serie
Teo-Gaia de Elledue.

*Dettaglio della serie
Teo- Gaia di Elledue.*

Detail of Teo-
Gaia/Elledue
series.

Serie Teo-Gaia de Elledue.

Serie Teo- Gaia di Elledue.

Teo-Gaia/Elledue Serie.

riación del mod. Teo-Gaia de Elledue.

riazione del mod. Teo- Gaia di Elledue.

riation of Teo-Gaia/Elledue model.

Modelo
Teo-Gaia de Elledu

Mode
Teo-Gaia di Elledu

Teo-Gaia/Elledu
Model

Serie Teo-Gaia de Elledue.

Serie Teo-Gaia di Elledue.

Teo-Gaia/Elledue Serie.

Modelos Teo-Gaia de Elledue.   *Modelli Teo- Gaia di Elledue.*   Teo-Gaia/Elledue Models.

Diseño modular
Teo-Gaia de Elledue

*Design modular
Teo-Gaia di Elledue*

DTeo-Gai
modular desig

Teo-Gaia de Elledue.

Teo-Gaia di Elledue.

Teo-Gaia/Elledue Models.

odelo Teo-Gaia de Elledue.

Modello Teo-Gaia di Elledue.

o-Gaia/Elledue Model.

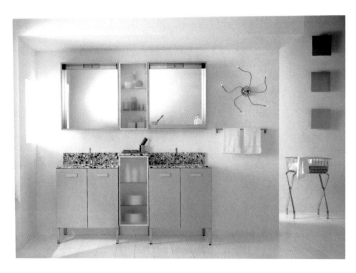

Serie de baños
Teo-Gaia de Elledue.

*Serie di bagni
Teo-Gaia di Elledue.*

Variation of
Teo-Gaia/Elledue model.

Modelo
Teo-Gaia de Elledue.

*Modello
Teo-Gaia di Elledue.*

Teo-Gaia/Elledue
model.

Mod. Natura de Puris.

Mod. Natura di Puris.

Puris Natura model.

Modelos
Teo-Gaia de Elledue

Modell
Teo-Gaia di Elledue

Teo-Gaia/Elledue model

Baño de Laufen.

Bagno di Laufen.

Laufen model.

Modelo
Teo-Gaia de Elledue.

*Modello
Teo-Gaia di Elledue.*

Teo-Gaia/Elledue model.

Mod. Nagano de Villeroy.

Mod. Nagano di Villeroy.

Villeroy Nagano model.

Mod. Ondula de T᷐

Mod. Ondula di T᷐

Tulli Ondula mo᷐

d. Tesi de Tulli.

Mod. Quadri de Tulli.

od. *Tesi di Tulli.*

Mod. Ondula de Tulli.

Mod. *Quadri di Tulli.*

Mod. Quadri de Tulli.

li Tesi model.

Mod. *Ondula di Tulli.*

Tulli Quadri model.

Mod. *Quadri di Tulli.*

Tulli Ondula model.

Tulli Quadri model.

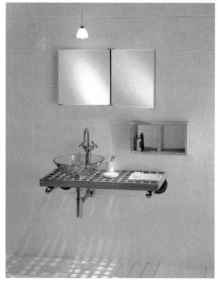

Mod. Pure Basic de Villeroy.   *Mod. Pure Basic di Villeroy.*   Villeroy Pure Basic model.

Mod. Pure Basic de Villeroy.

Mod. Pure Basic di Villeroy.

Villeroy Pure Basic model.

Mod. Pure Basic de Villeroy.

Mod. Pure Basic di Villeroy.

Villeroy Pure Basic model.

Clásicos y Rústicos / *Classici e Rustici*
Classical and Rustic

---

madera , la porcelana y el már-
ol son los materiales privilegiados.
la variante rústica prefiere la ru-
za en la forma, las piezas macizas
os acabados contundentes, el clá-
co se presenta más ligero. Los
uebles tienen patas estrechas, re-
ves y formas curvas en los huecos
ra el lavabo. No hay homenajes
identes sino una voluntad de in-
mporalidad, una calidad que no
sa de moda, una apuesta por los
lores seguros del gusto. El cuarto
baño tiene más de boudoir que
clínica estética, a lo que contri-
yen los muebles auxiliares, con
jones para mil secretos, el cristal
abado a la cera o las bañeras
entas con patas.

*Il legno la porcellana e il marmo sono
i materiali preferiti per questo genere
di arredamento. Se da una parte la
variante rustica preferisce le forme
leggermente grezze, i pezzi massicci e
le rifiniture molto evidenti, dall'altra
lo stile classico è certamente meno
appesantito. I mobili hanno piedi sot-
tili, rilievi e curve nelle zone che si trovano sotto il lavandino. Non vi sono
omaggi evidenti a uno stile piuttosto
che a un altro, ma una volontà di
atemporalità, una qualità che non
passa di moda, una sommessa per il
gusto. La stanza da bagno ricorda più
un boudoir che una clinica estetica; a
dare questa sensazione contribuisco-
no i mobili ausiliari, con cassetti per
mille secreti, il vetro inciso a cera e le
vasche separate con piedini.*

Wood, porcelain, and marble are
privileged materials. If the rustic
variation prefers rudeness of form,
solid pieces, and stunning finishes,
the classical variation opts for
lightness. The furniture has narrow
legs, moldings, and curved forms in
the basins. There are no apparent
homages but rather a will to time-
lessness, a quality that never goes
out of style, an attempt to estab-
lish sure values in taste. The bathroom is more of a boudoir than an
aesthetician's clinic, providing to by
accessories, with drawers for a
thousand secrets, etched glass, and
tubs without legs.

página anterior
ie Plaza de Elledue.

*lla pagina precedente
ie Plaza di Elledue.*

vious page:
due Plaza series.

Serie Plaza de Elledue.

Serie Plaza di Elledue.

Elledue Plaza series.

Mod. Georgia de Roca.

Mod. Georgia di Roca.

Roca Georgia model.

Mod. Brocante de Roca.

Mod. Brocante di Roca.

Roca Brocante model.

Cuarto de baño Roca.

Bagni di Roca.

Roca bathroom.

Roca Madeira model.

Mod. Madeira di Roca.

Roca Madeira model.

Mod. Astoria de Roca.

Mod. Astoria di Roca.

Roca Astoria model.

Serie Plaza de Elledue.

Serie Plaza di Elledue.

Elledue Plaza model.

En página anterior
Serie Plaza de Elledue

Nella pagina precedent
Serie Plaza di Elledue

Previous page
Elledue Plaza mode

Serie Plaza de Elledue

Serie Plaza di Elledue

Elledue Plaza mode

424

Armario auxiliar de la
serie Plaza de Elledue.

*Armadio ausiliare della
serie Plaza di Elledue.*

Elledue Plaza model.

avabo tocador de la
erie Plaza de Elledue.

*avandino tavolino della
erie Plaza di Elledue.*

ledue Plaza series vanity
ble with drop-in sink.

En página anterior
Serie Plaza de Elledue
con encimera de mármol.

Nella pagina precedente
Serie Plaza di Elledue
con piano di marmo.

Preceding page:
Elledue Plaza series with
marble vanity top.

Mod. Hommage de Villeroy.

Mod. Hommage di Villeroy.

Villeroy Hommage model.

od. Hommage de Villeroy.

od. Hommage di Villeroy.

leroy Hommage model.

Detalles de un lavabo
tocador de Copat.

*Dettagli di un lavandino
tavolino di Copat.*

Detail of Copat vanity.

En página siguiente
Mod. Hommage de
Villeroy

*Nella pagina successiva
Mod. Hommage di
Villeroy.*

Preceding page:
Villeroy Hommage mode

Lavabo de Copa

Lavandino di Cop

Copat sin

Mueble compacto de la
serie Plaza de Elledue.

*Mobile compatto della
serie Plaza di Elledue.*

Elledue Plaza series
compact model.

Muebles / *Mobili*
Furniture

El siglo XXI trae módulos que multiplican su escala para crear cajoneras, cómodas o muebles para debajo del lavabo. Los espejos cierran armarios con guías correderas o se elevan como guillotinas. En el estilo clásico algunos cajones dejan ver el ajuar de baño detrás de frentes de cristal mate. La asepsia de las instalaciones profesionales aporta formas ovaladas en módulos de diversas alturas con variedad de cajones y puertas. El mármol se opone a maderas tropicales como material de calidad para encimeras. La idea clave es elegir muebles transportables de una vivienda a otra gracias al planteamiento modular o de muebles exentos.

Il XXI secolo contribuisce al design del bagno con l'apporto del concetto di modulo che si moltiplica fino a creare cassettiere, comodini o mobili da inserire sotto al lavandino. Gli specchi chiudono gli armadi con guide scorrevoli o si sollevano a ghigliottina. Nell'ambito dello stile più classico alcuni cassetti lasciano intravedere il corredo del bagno dietro alle facciate di vetro opaco. L'atmosfera asettica delle installazioni professionali apporta forme ovali in moduli di diverse altezze in cui sono presenti sia cassetti che porte. Il marmo si oppone al legno tropicale come materiale di qualità per i pianali; l'idea di fondo è quella di scegliere mobili trasportabili da una casa all'altra grazie al concetto modulare o dei mobili separati.

The twenty-first century brings modules that multiply the scale to create dressers, vanities, or storage spaces under the sink. Mirrors on sliding doors close closets or are raised sash-window style. In the classical style, some of the furniture is glimpsed through frosted glass. The aseptic character of professional installations prefers oval forms in modules of different heights with a variety of drawers and doors. Marble contrasts with tropical woods as the quality material of the vanity tops. The key idea is to select furnishings that are transportable from one residence to another thanks to the modular or free-standing concepts.

En página anterior
Mod. Teo-Gaia de Elledue.

*Nella pagina precedente
Mod. Teo-Gaia di Elledue.*

Previous page:
Teo-Gaia/Elledue model.

Detalle del mod.
Teo-Gaia de Elledue.

*Dettaglio del mod.
Teo-Gaia di Elledue.*

Detail of Teo-Gaia/Elledue model.

Tres variantes del
mod. Teo-Gaia de Elledue.

*Tre varianti del
mod. Teo-Gaia di Elledue.*

Three variations of
Teo-Gaia/Elledue model.

Detalle del secreter del
modelo Teo-Gaia de Elledue.

Dettaglio del tavolo con cassetti del
modello Teo-Gaia di Elledue.

Detail of Teo-Gaia/Elledue model
storage module with drawers.

Detalle de cajonera del
modelo Teo-Gaia de Elledue.

Dettaglio di cassettiera del
modello Teo-Gaia di Elledue.

Detail of the lower drawer space
in Teo-Gaia/Elledue model.

Detalle del modelo
Teo-Gaia de Elledue.

*Dettaglio del modello
Teo-Gaia di Elledue.*

Teo-Gaia/Elledue
model, detail.

Detalle del armario del
modelo Teo-Gaia de Elledue.

*Dettaglio dell'armadio del
modello Teo-Gaia de Elledue.*

Detail of Teo-Gaia/Elledue
model cabinet.

Mod. Teo-Gaia de Elledue.

Mod. Teo-Gaia di Elledue.

Teo-Gaia/Elledue model.

Tres variantes del
mod. Teo-Gaia de Elledue.

*Tre varianti del
mod. Teo-Gaia di Elledue.*

Three variations of
Teo-Gaia/Elledue model.

443

Dos detalles del
mod. Teo-Gaia de Elledue.

*Due dettagli del
mod. Teo-Gaia di Elledue.*

Two detailed views of
Teo-Gaia/Elledue model.

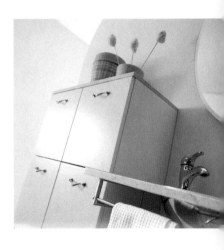

Mod. Teo-Gaia de Elled

Mod. Teo-Gaia di Elled

Teo-Gaia/Elledue moc

444

Detalles de los acabados de
la serie Plaza de Elledue

*Dettagli delle rifiniture
della serie Plaza di Elledue*

Details of the finishes of the
Elledue Plaza series

Detalle de los frentes
rústicos de la serie Plaza
de Elledue.

*Dettaglio delle pareti
rustiche della serie Plaza
di Elledue.*

Details of the rustic
finishes of the Elledue
Plaza series.

Detalle del tocador de la serie Plaza de Elledue.

Dettaglio del tavolino della serie Plaza di Elledue.

Detail of the Elledue Plaza series vanity/cabinet.

Diseño de Enzo Lagno para Alchemy.

Disegno di Enzo Lagno per Alchemy.

Enzo Lagno design for Alchemy.

Mueble auxiliar mod. Hommage de Villeroy.

Mobile ausiliare mod. Hommage di Villeroy.

Villeroy Hommage model storage module.

Serie Zodiaco de Cop

Serie Zodiaco di Cop

Copat Zodiac seri

Detalle de cajonera
encimera de már
de Co

*Dettaglio di cassett
con pianale di ma
di Co*

Detail, Cc
marble-topped va
auxiliary u

Detalle de mueble bajo
lavabo de Copat.

*Dettaglio di mobile sotto
lavandino di Copat.*

Detail of Copat
Zodiac model.

Detalle lateral del
mod. Zodiaco de Copat.

*Dettaglio laterale del
mod. Zodiaco di Copat.*

Detail of Copat Zodiac
model.

Mod. Teo-Gaia de Elledue.

Mod. Teo-Gaia di Elledue.

Teo-Gaia/Elledue model.

Mod. Teo-Gaia de Elledue.

Mod. Teo-Gaia di Elledue.

Teo-Gaia/Elledue model.

Dos detalles del mod. Teo-Gaia de Elledue.

Due dettagli del mod. Teo-Gaia di Elledue.

Two details of Teo-Gaia/Elledue model.

etalle del mod. Teo-Gaia de Elledue.

ettaglio del mod. Teo-Gaia di Elledue.

etail of Teo-Gaia/Elledue model.

Detalle de las patas de un
modelo de Teo-Gaia de Elledue.

*Dettaglio delle gambe di un
modello di Teo-Gaia di Elledue.*

Detail of legs on a
Teo-Gaia/Elledue model.

455

Detalle del
mod. Teo-Gaia de Elledue.

*Dettaglio del
mod. Teo-Gaia di Elledue.*

Detail of Teo-Gaia/Elledue
model.

Detalle del
mod. Teo-Gaia de Elledue.

*Dettaglio del
mod. Teo-Gaia di Elledue.*

Detail of Teo-Gaia/Elledue
model.

Detalle del
mod. Teo-Gaia de Elledue.

*Dettaglio del
mod. Teo-Gaia di Elledue.*

Detail of Teo-Gaia/Elledue
model.

Lámpara
mod. Nagano de Villeroy.

Lamper
mod. Nagano di Villeroy.

Villeroy Nagano model lamp.

Detalle de un mueble
auxiliar Teo-Gaia de Elledue.

Dettaglio di un mobile
ausiliare di Teo-Gaia di Elledue.

Detail of a Teo-Gaia/Elledue
storage module.

etalle del mod. Teo-Gaia
e Elledue.

ettaglio del mod. Teo-Gaia
Elledue.

tail of Teo-Gaia/Elledue model.

En página siguiente
Mod. Teo-Gaia de Elledue.

Nella pagina successiva
Mod. Teo-Gaia di Elledue.

Preceding page:
Teo-Gaia/Elledue model.

Muebles auxiliares
Teo-Gaia de Elledue.

Mobili ausiliari
Teo-Gaia di Elledue.

Detail of auxiliary
Teo-Gaia/Elledue units.

Armario auxiliar de Laufen.

Armadio ausiliare di Laufen.

Laufen storage cabinet.

Armario de una puerta
de Laufen.

*Armadio di una porta
di Laufen.*

Laufen low storage unit.

Armario con espejo
corredero de Laufen.

*Armadio con specchio
scorrevole di Laufen.*

Laufen sliding mirror.

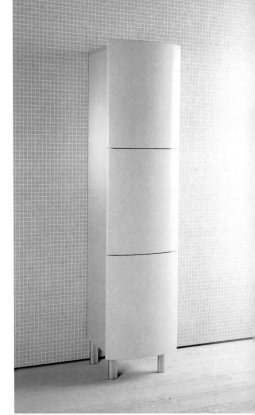

Armario auxiliar
de 3 puertas de Laufen.

*Armadio ausiliare
di 3 porte di Laufen.*

Laufen 3-compartment
storage module.

465

Lavabos / *Lavandini*
Sinks

---

e producen grandes variaciones por
l cruce de materiales: cristal con ace-
o, porcelanas con maderas tropicales,
que cambian las formas previsibles
ara embellecerse. Los lavamanos cir-
ulares se disfrazan de jofaina, bacía,
embudo, mientras que los rectangu-
res reducen la profundidad del seno
onsiderando su funcionalidad, unas
eces empotrados y otras sobre enci-
eras de vidrio o mármol extraplanas.
os modelos clásicos aprovechan la
aleabilidad del material para tomar
rmas arriñonadas y ganar profundi-
ad a la vez que desaparecen bajo la
ncimera de mármol. Algunos mode-
s excéntricos se remiten a la artesa-
a liberty trabajando la composición
e los materiales originales para crear
ras de arte.

Per quanto riguarda il design dei lavandini si stanno vedendo molte no-
vità rispetto al passato, infatti al giorno d'oggi si usano diversi materiali:
vetro con acciaio, porcellane con legni
tropicali, che cambiano le forme pre-
vedibili e le abbelliscono. I lavandini
circolari si travestono da catinella, da
bacinella o da imbuto, mentre invece
quelli rettangolari riducono la profondità del seno considerandone la fun-
cionalita; alcuni sono a muro mentre
altri si appoggiano su piani di vetro o
marmo ultrapiatti. I modelli classici
approfittano la malleabilità del materiale per acquisire forme a mezza luna
aumentando così la profondità e
scomparendo sotto al piano di marmo.
Alcuni modelli, piuttosto eccentrici, ricordano l'artigianato liberty e giocano
con la composizione dei materiali ori-
ginali per creare delle opere d'arte.

Many variations are possible due to
the combination of different materials: glass with steel, porcelains with
tropical woods... The predictable
changes add beauty. Circular drop-in
sinks share the bill with woods like *jofaina*, *bacía*, or *embudo*. Rectangular
models, according to their functions,
reduce their depth, and are sometimes
recessed, at others in glass or marble
vanity tops that are extra-thin. The
classic models take advantage of mal-
leable materials to form shapes
adaptable to corners. They gain depth
while disappearing into the marble
top of the vanity. Some eccentric
models hark back to liberty artisanship, working the composition of the
original materials to create works of
art.

página anterior
seño Mini de P. Starck
ra Duravit.

ella pagina precedente
segno Mini di P. Starck
r Duravit.

evious page:
Starck's Mini designs
r Duravit.

Mod. Miniaqua de Altro.

Mod. Miniaqua di Altro.

Altro Miniaqua model.

Lavabo de porcelana
Teo-Gaia de Elledue.

Lavandino di porcellana
Teo-Gaia di Elledue.

Teo-Gaia/Elledue
porcelain sink.

Lavabo empotrado
Teo-Gaia de Elledue.

Lavandino a muro
Teo-Gaia di Elledue.

Teo-Gaia/Elledue
drop-in sink.

Lavabo rectangular con
bordes curvos
Teo-Gaia de Elledue.

Lavandino rettangolare
con bordi curvati
Teo-Gaia di Elledue.

Teo-Gaia/Elledue
rectangular sink with
beveled edges.

Dos modelos
xentos Teo-Gaia
le Elledue.

Due modelli
isolati Teo-Gaia
di Elledue.

Two Teo-Gaia/
Elledue freestanding
models.

Mod. Teo-Gaia
de Elledue.

*Mod. Teo-Gaia
di Elledue.*

Teo-Gaia/Elledue
model.

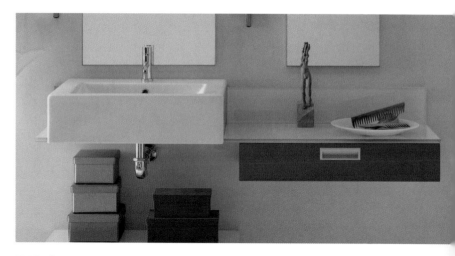

Mod. Teo-Gaia de Elledue.

Mod. Teo-Gaia di Elledue.

Teo-Gaia/Elledue model.

Detalles del lavabo exento Teo-Gaia de Elledue

Dettagli del lavandino isolato Teo-Gaia di Elledue

Details of freestanding Teo-Gaia/Elledue sink

Detalles del lavabo exento
Teo-Gaia de Elledue.

Dettagli del lavandino isolato
Teo-Gaia di Elledue.

Details of freestanding
Teo-Gaia/Elledue sink.

Mod. Low de
Teo-Gaia de Elledue.

Mod. Low di
Teo-Gaia di Elledue.

Teo-Gaia/Elledue model Low.

Modelo Low empotrado
de Altro.

*Modello Low a muro
di Altro.*

Altro Low model.

Modelo adosado a la
pared de Teo-Gaia de Elledue

Modello attaccato all
parete di Teo-Gaia di Elledue

A Teo-Gaia/Elledue
wall-mount mode

Modelo alto exento
de Narcissus.

Modello alto isolato
di Narcissus.

Narcissus high
freestanding sink.

Modelo Low empotrado
de Altro.

Modello Low a muro
di Altro.

Altro Low model
drop-in sink.

Mod. Lava con borde erosión de Alchemy.

Mod. Lava con bordo rugoso di Alchemy.

Alchemy Lava Mod. with erosion edge.

Mod. Fish con borde erosión de Alchemy.

Mod. Fish con bordo rugoso di Alchemy.

Alchemy Fish Mod. with erosion edge.

Mod. Misto de Alchemy

Mod. Misto di Alchemy.

Alchemy Misto Mod.

Mod. Fish de Alchemy.

Mod. Fish di Alchemy.

Alchemy Fish Mod.

Mod. Fósil con borde
pulido de Alchemy.

Mod. Fósil con bordo
liscio di Alchemy.

Alchemy Fósil Mod.
with polished edge.

Mod. Ether con borde
erosión de Alchemy.

Mod. Ether con bordo
rugoso di Alchemy.

Alchemy Ether Mod.
with erosion edge.

Mod. con borde pulido
de Alchemy.

Mod. con bordo liscio
di Alchemy.

Alchemy model with
polished edge.

Mod. Coral con borde
erosión de Alchemy.

Mod. Coral con bordo
rugoso di Alchemy.

Alchemy Coral Mod.
with erosion edge.

475

Mod. Fish sobre encimera con patas esculpidas de Alchemy.

Mod. Fish su piano con gambe scolpite di Alchemy.

Alchemy Fish Mod. on stand with sculpted legs.

Mod. Fish con borde pulido de Alchemy

Mod. Fish con bordo liscio di Alchemy

Alchemy Fish Mod. with polished edge

Mod. Fisherwater con borde erosión de Alchemy.

Mod. Fisherwater con bordo rugoso di Alchemy.

Alchemy Fishwater Mod. with erosion edge.

Mod. Coral erosión
de Alchemy.

Mod. Coral rugoso
di Alchemy.

Alchemy Coral Mod.
with erosion edge.

Mod. Fish con borde
pulido de Alchemy.

Mod. Fish con bordo
liscio di Alchemy.

Alchemy Fish Mod.
with polished edge.

Mod. Ether con borde
erosión de Alchemy.

Mod. Ether con bordo
rugoso di Alchemy.

Alchemy Ether Mod.
with erosion edge.

Mod. Glacier con
semipedestal de Alchemy.

Mod. Glacier con
semipiedistallo di Alchemy.

Alchemy Glacier Mod.
with semi-base.

Mod. Gold con pedestal
de bronce de Alchemy.

Mod. Gold con piedistallo
di bronzo di Alchemy.

Alchemy Gold Mod.
with bronze tripod stand.

Mod. Glacier Glass de Alchemy.

Mod. Glacier Glass di Alchemy.

Alchemy Glacier Glass Mod.

Mod. Glacier con borde
pulido de Alchemy.

Mod. Glacier con bordo
liscio di Alchemy.

Alchemy Glacier Mod.
with polished edge.

Mod. Coral ciénaga con borde erosión de Alchemy.

Mod. Coral Ciénaga con bordo rugoso di Alchemy.

Mod. Alchemy Coral Ciénaga Mod. with erosion edge.

Mod. Ether con borde pulido y pedestal de bronce de Alchemy.

Mod. Ether con bordo liscio e piedistallo di bronzo di Alchemy.

Alchemy Ether Mod. with polished edge on bronze tripod stand.

Mod. Curva de Tulli.

Mod. Curva di Tulli.

Tulli Curva Mod.

Mod. Cubo de Tulli.

Mod. Cubo di Tulli.

Tulli Cubo Mod.

Mod. Cubo de Tulli.

Mod. Cubo di Tulli.

Tulli Cubo Mod.

Mod. Curva de Tu

Mod. Curva di Tu

Tulli Curva Mc

Mod. Dadi de Tulli.

Mod. Dadi di Tulli.

Tulli Dadi Mod.

Mod. Gotta de Altr

Mod. Gotta di Altr

Altro Gotta Mo

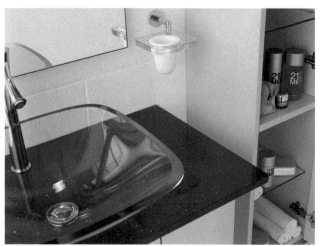

Mod. Dadi de Tulli.

Mod. Dadi di Tulli.

Tulli Dadi Mod.

Modelos de Laufen.

Modelli di Laufen.

Laufen Mod.

Mod. Tesi de Tulli.

Mod. Tesi di Tulli.

Tulli Tesi Mod.

Mod. Dadi de Tulli.

Mod. Dadi di Tulli.

Tulli Dadi Mod.

Mod. Dadi de Tulli.

Mod. Dadi di Tulli.

Tulli Dadi Mod.

Mod. Dadi de Tulli.

Mod. Dadi di Tulli

Tulli Dadi Mod.

Mod. Tesi de Tulli.

Mod. Tesi di Tulli.

Tulli Tesi Mod.

Lavabo empotrado arriñonado
la serie Plaza de Elled

Lavandino a muro a mezza lu
della serie Plaza di Elled

Elledue Plaza series fitted si

Lavabo con semipedestal
de Duravit.

Lavandino con semipiedistallo
di Duravit.

Duravit semi-stand sink.

Lavabo sobre mueble
de Duravit.

Lavandino su mobile
di Duravit.

Duravit sink and
slide-under vanity.

Lavabo con pedestal
de Duravit.

Lavandino con piedistallo
di Duravit.

Duravit sink.

Lavabo con
semipedestal de Duravit.

Lavandino con
semipiedistallo di Duravit.

Duravit semi-stand sink.

Mod. SOHO. N. Y. de Villeroy.

Mod. SOHO. N. Y. di Villeroy.

Villeroy Soho N.Y. Mod.

Un diseño de Starck
para Duravit.

Un disegno di Starck
per Duravit.

A Starck design
for Duravit.

Mod. Tube de Altro.

Mod. Tube di Altro.

Altro Tube Mod.

Mod. Vero de Duravit.

Mod. Vero di Duravit.

Duravit Vero Mod.

Mod. Tube In de Altro.

Mod. Tube In di Altro.

Altro Tube In Mod.

Mod. Ondula de Tulli.

Mod. Ondula di Tulli.

ulli Ondula Mod.

Modelos de Magma.

Modelli di Magma.

Magma Mod.

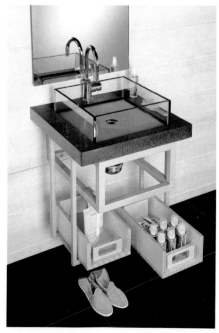

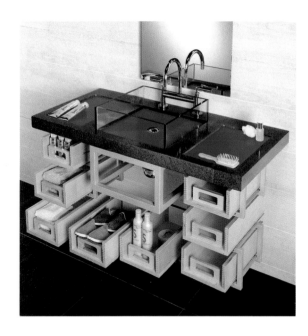

Modelos de Magma.

Modelli di Magma.

Magma Mod.

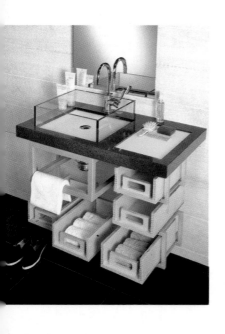

Lavabo El Gabbiano.

Lavandino El Gabbiano.

El Gabbiano sink.

Lavabo Flat.

Lavandino Flat.

Flat sink.

Lavabo y mueble Duravit

Lavandino e mobile Duravit.

Duravit sink and stand.

Lavabo Optima.

Lavandino Optima.

Optima sink.

Lavabo Menhir.

Lavandino Menhir.

Menhir sink.

Lavabo Morgans.

Lavandino Morgans.

Morgans sink.

497

Sanitarios / *Sanitari*
Toolets

La porcelana reina en todos los modelos, de suelo o suspendidos. Se valora el concepto de pieza única, con un estudio de las bases para facilitar la limpieza, evitando relieves no funcionales. El diseño llega a las tapas, con una preferencia por los colores suaves, sin esidencias. Los diseños de Starck jegan con la noción de contenedor de desechos. En las cisternas se acuentran modelos altos y estrenos para mejorar la presión del aorro de agua. Se facilita el ahorro en la inclusión de un doble botón ara vaciar la mitad o el total del ntenido.

La porcellana è presente in tutti i modelli, sia in quelli che appoggiano al pavimento sia in quelli sospesi. Acquisisce un certo valore il concetto di pezzo unico, cui si aggiunge uno studio delle basi allo scopo di rendere più agevole la pulizia, evitando rilievi poco funzionali. Il design arriva anche al coperchio, dove troviamo una spiccata preferenza per i colori poco accesi, senza eccessi. I disegni di Starck giocano con il concetto di contenitore di rifiuti; dall'altro lato le cisterne presentano infiniti modelli sia alti che stretti pensati al fine di migliorare la pressione del getto d'acqua. Si favorisce inoltre il risparmio d'acqua con l'inserimento di un doppio bottone, uno per svuotare solamente la metà del contenuto della cisterna e l'altro per utilizzarlo tutto.

Porcelain rules in all models, whether base or wall-mount. One-piece models are valued for their simple bowls, which facilitate cleaning because they avoid nonfunctional groove patterns. The design includes the seats, with a preference for cool colors. The designs by Starck play with the notion of waste containers. Tanks include high, narrow models to increase flush pressure. Water-saving devices include a double button for half-flush or complete flush.

página anterior
d. Darling de Duravit.

lla pagina precedente
d. Darling di Duravit.

vious page:
ravit toilet and bidet set.

Mod. Hommage de Villeroy.

Mod. Hommage di Villeroy.

Villeroy Hommage Mod.

Mod. Veranda de Ro

Mod. Veranda di Ro

Roca Veranda Mo

Mod. Century Garden de
Villeroy & Bosch.

Mod. Century Garden di
Villeroy & Bosch.

Villeroy et Bosch Century
Garden Mod.

Mod. Century Titanic
Villeroy & Bos

Mod. Century Titani
Villeroy & Bos

Villeroy et Bosch Cent
Titanic M

Mod. Caro de Duravit

Mod. Caro di Duravit

Duravit Caro Mod.

Bidé Trocadero de Delafon.

Bidè Trocadero di Delafon.

Delafon Trocadero bidet.

Bidé Odeon de Jacob Delafon.

Bidè Odeon di Jacob Delafon.

Jacob Delafon Odéon bidet.

Bidé New Haven de Delafon.

Bidè New Haven di Delafon.

Delafon New Haven bidet.

Mod. Portrait de Delafon.

Mod. Portrait di Delafon.

Delafon portrait bidet.

Mod. Fleur di Delafon.

Mod. Fleur di Delafon.

Delafon Fleur Mod.

Mod. Antores de Delafon.

Mod. Antores di Delafon.

Jacob Delafon Antores Mod.

Bidé estilo retro, de Roca.

Bidè stile retro di Roca.

Roca retro style bidet.

oro Century Titanic de Villeroy & Bosch.

a Century Titanic di Villeroy & Bosch.

roy et Bosch Century Titanic toilet.

Mod. Astros de Delafon.

Mod. Astros di Delafon.

Delafon Astros Mod.

Veranda de Roca.

Veranda di Roca.

a Veranda bidet.

Mod. Altair de Delafon.

Mod. Altair di Delafon.

Delafon Altair Mod.

Mod. Dama de Roca.

Mod. Dama di Roca.

Roca Dama Mod.

Mod. Victoria de Roca.

Mod. Victoria di Roca.

Roca Victoria Mod.

Mod. Meridian de Roca.

Mod. Meridian di Roca.

Roca Meridian Mod.

Mod. Veranda de Roca.

Mod. Veranda di Roca.

Roca Veranda Mod.

Mod. Verónica de Roca

Mod. Verónica di Roca

Roca Verónica Mod.

Mod Georgia de Roca

Mod Georgia di Roca

Roca Georgia Mod.

Mod. Sydney de Roca.

Mod. Sydney di Roca.

Roca Sydney Mod.

Mod. Meridian de Roca.

Mod. Meridian di Roca.

Roca Meridian Mod.

Mod. Urinett de Roca

Mod. Urinett di Roca

Roca Urinett Mod.

Mod. Verónica de Roca.

Mod. Verónica di Roca.

Roca Verónica Mod.

Mod. Veranda de Roca.

Mod. Veranda di Roca.

Roca Veranda Mod.

Aro reductor adaptável
mod. Pony, de Roca.

*Cerchio ridottore adattabile
mod. Pony di Roca.*

Aro reductor adaptável
Roca Pony Mod.

Mod. Multifunción de Roca.

Mod. Multifunzione di Roca.

Roca Multifunción Mod.

Asiento-tapa Multiclin,
de Roca.

*Water-coperchio multiclin
di Roca.*

Roca Multiclin Mod.

Jogo de Bidé e Sanita suspensos.

Set di Bidè e water separati.

wall-suspension bidet
and toilet set.

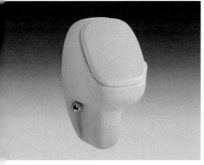

Mod. Urinett de Roca.

Mod. Urinett di Roca.

Roca Urinett Mod.

Conjunto suspendido
de Duravit.

Set sospeso di Duravit.

Duravit wall-mount set.

Mod. McDry de Duravit.

Mod. McDry di Duravit.

Duravit McDry Mod.

Mod. Editionals de Villeroy.

Mod. Editionals di Villeroy.

Villeroy Editionals Mod.

Sanitarios suspendidos
de Laconda.

*Sanitari sospesi
di Laconda.*

Laconda wall-mount
toilet.

Modelo de Laufen.

Modello di Laufen.

Laufen Mod.

Mod. con cisterna
estrecha de Laufen.

*Mod. con cisterna
stretta di Laufen.*

Laufen Mod. with slim tank.

Inodoro con cisterna
empotrada de Laufen.

*Tazza con cisterna a
muro di Laufen.*

Laufen Mod. toilet with
concealed tank.

Bidé exento de Laufen.

Bidè isolato di Laufen.

Laufen freestanding
model.

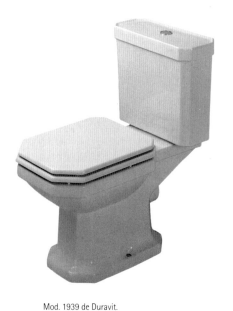

Mod. 1939 de Duravit.

Mod. 1939 di Duravit.

Duravit 1939 Mod.

Mod. Caro de Duravit.

Mod. Caro di Duravit.

Duravit Caro Mod.

Mod. Architect de Duravit.

Mod. Architect di Duravit.

Duravit Architect Mod.

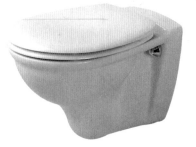

Mod. Darling de Duravit.

Mod. Darling di Duravit.

Duravit Darling Mod.

514

Inodoro de Altair de Jacob Delafon.

Tazza di Altair di Jacob Delafon.

Jacob Delafon Altair toilet.

Mod. Dell'Arco de Duravit.

Mod. Dell'Arco di Duravit.

Duravit Dell'Asco Mod.

Mod. Darling suspendido
de Duravit.

*Mod. Darling sospeso
di Duravit.*

Duravit wall-suspension
Darling Mod.

Mod. Caro de Duravit.

Mod. Caro di Duravit.

Duravit Caro Mod.

Urinario de Starck para Duravit.

Orinatoio di Starck per Duravit.

Starck urinal designed for Duravit.

Inodoro de Starck para Duravit.

Tazza di Starck per Duravit.

Starck toilet for Duravit.

Inodoro suspendido de
Starck para Duravit.

*Tazza sospesa di
Starck per Duravit.*

Starck wall-suspension
toilet for Duravit.

Modelo de Starck para Duravit.

Modello di Starck per Duravit.

Starck toilet for Duravit.

Mod. Duravital de Duravit.

Mod. Duravital di Duravit.

Duravit Duravital Mod.

Inodoro de Starck para Duravit.

Tazza di Starck per Duravit.

Starck toilet for Duravit.

Accesorios / *Accessori*
Accessories

———

El diseño de accesorios para el cuarto de baño insufla elegancia a cada objeto. Los materiales, madera, porcelana, acero o plástico son los habituales en esta pieza, pensados para resistir la humedad. La funcionalidad no está reñida con la imaginación y así encontramos que cada elemento parece pensado como una obra especial, una escultura minimalista que concentra hasta llegar a la máxima abstracción formal la esencia de cada objeto.

Il design degli accessori per il bagno conferisce certa eleganza ad ogni oggetto. I materiali, il legno, la porcellana, l'acciaio o la plastica sono i materiali che normalmente vengono utilizzati in questa stanza, pensati per resistere all'umidità. La funzionalità non si regge sull'immaginazione, quindi osserviamo che ogni elemento sembra pensato come una vera e propria opera d'arte, una scultura minimalista che concentra, fin quasi ad arrivare alla massima astrazione formale, l'essenza di ogni oggetto.

Accessory designs for the bathroom serve as ornamentation for each object. The materials-wood, porcelain, steel, or plastic-are those usually found in this room. They are used because they are water-resistant. Functionalism is not incompatible with imagination: we find that each element comes off the drawing board with an eye to novelty and discovery, minimalist sculpture of a great degree of formal abstraction.

En página anterior
Conjunto de accesorios en acero y plástico de Siria.

*Nella pagina precedente
Set di accessori in acciaio e plastica di Siria.*

Preceding page:
Siria set of bathroom accessories in steel and plastic.

Detalle de un toallero metálico de Tulli.

Dettaglio di un portatovaglie metallico di Tulli.

Detail, Tulli towel bar.

Portarrollos mod. Teo-Gaia
de Elledue.

*Portacarta mod. Teo-Gaia
di Elledue.*

Teo-Gaia/Elledue Mod.
toilet tissue holder.

Colgadores mod. Teo-Gaia de Elledue.

Grucce mod. Teo-Gaia di Elledue.

Teo-Gaia/Elledue Mod. towel hooks.

Escobillero mod. Teo-Gaia de Elledue.

Porta spazzole mod. Teo-Gaia di Elledue.

Teo-Gaia/Elledue Mod. brush.

Toalleros mod. Teo-Gaia de Elledue.

Portasciugamani mod. Teo-Gaia di Elledue.

Teo-Gaia/Elledue Mod. towel hooks.

Portavasos mod. Teo-Gaia de Elledue.

Portabicchieri mod. Teo-Gaia di Elledue.

Teo-Gaia/Elledue Mod. toothbrush holder.

Jabonera mod. Teo-Gaia de Elledue.

Portasapone mod. Teo-Gaia di Elledue.

Teo-Gaia/Elledue Mod. soap dish.

Toallero mod. Teo-Gaia de Elledue.

Portasciugamani mod. Teo-Gaia di Elledue.

Teo-Gaia/Elledue Mod. towel bar.

Portavasos mod. Teo-Gaia Elledue.

Portabicchieri mod. Teo-Gaia di Elledue.

Teo-Gaia/Elledue Mod. toothbrush holder.

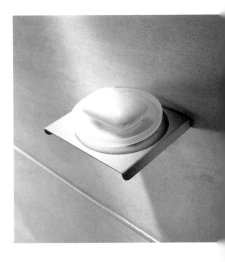

Jabonera mod. AC0018
de Teo-Gaia/Elledue.

*Porta saponi mod. AC0018
di Teo-Gaia/Elledue.*

Teo-Gaia/Elledue Mod.
soap dish.

Portarrollos mod. Teo-Gaia de Elledue.

Portacarta mod. Teo-Gaia di Elledue.

Teo-Gaia/Elledue Mod. toilet tissue holder.

Colgadores mod. Teo-Gaia
de Elledue.

*Grucce mod. Teo-Gaia
di Elledue.*

Teo-Gaia/Elledue Mod.
towel hooks.

Escobillero mod. Teo-Gaia
de Elledue.

*Portaspazzola mod. Teo-Gaia
di Elledue.*

Teo-Gaia/Elledue Mod. brush.

Conjunto mod. Onix de Altro.

Set mod. Onix di Altro.

Altro Onix Mod. toilet accessory set.

Juego de toalleros y estantes de Marat.

Set di portatovaglie e mensole di Marat.

Marat towel bar and shelf set.

Espejo mod. Onix de Altro.

Specchio mod. Onix di Altro.

Altro Onix Mod. mirror.

Conjunto de accesorios de Marat.

Set di accessori di Marat.

Marat toilet accessory set.

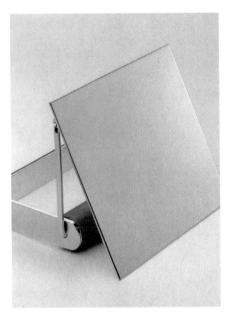

Griferia / *Rubinetteria*
Faucets

La tecnología más avanzada presenta modelos termostáticos y electrónicos para controlar la temperatura del agua a conveniencia, tanto con previsión de ahorro de energía como de tiempo. Los materiales aislantes para los revestimientos, sean cromados o en plástico, garantizan la máxima calidad y seguridad en el manejo de estos elementos. El diseño ergonómico conjuga la estética con la funcionalidad, además de ocultar su inteligente estructura interior. La presentación mantiene los éxitos consolidados: el grifo de rosca para los modelos clásicos que buscan un matiz nostálgico, el pulsador para los más estilizados, y la palanca de media vuelta para los mezcladores monomando.

La tecnologia più avanzata presenta modelli termostatici ed elettronici per controllare la temperatura dell'acqua a piacere e per risparmiare energia e tempo. I materiali isolanti per i rivestimenti, sia cromati che di plastica, garantiscono la massima qualità e sicurezza nel maneggio di questi elementi. Il design ergonomico coniuga l'estetica con la funzionalità, oltre a occultare la sua struttura interna intelligente. La presentazione mantiene i modelli che hanno un successo ormai consolidato: il rubinetto a vite per i modelli classici che cercano un'atmosfera nostalgica, il pulsante per gli amanti del design stilizzato e la leva per i miscelatori monocomando.

The most advanced technology has introduced thermostatic and electronic models to allow users to control the temperature of the water at their convenience. This facilitates both energy conservation and time. Insulating materials for faucet finishes, chromed and plastic, guarantee optimal quality and safety in the use of these elements. Ergonomic design blends aesthetics with functionalism and also conceals the smart technology inside. This presentation keeps the traditional advances: twist action in the classic dual control; button controls for newer, more stylized models; and half-turn levers for single control faucets.

En página anterior
Mod. Tara de Dornbracht.

*Jella pagina precedente
Mod. Tara di Dornbracht.*

Previous page:
Dornbracht Tara Mod.

Grifo monomando
Eurostyle de Grohe.

*Rubinetto monocomando
Eurostyle di Grohe.*

Grohe Eurostyle single
control faucet.

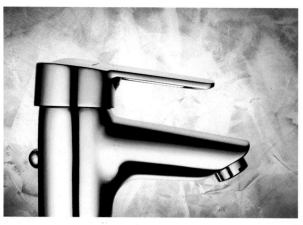

Grifo de palanca
mod. Tara de Dornbracht.

*Rubinetto a leva
mod. Tara di Dornbracht.*

Dornbracht Tara Mod.
lever control faucet

Grifo de pared con pulsado
Emote de Dor

*Rubinetto a muro con pulsan
mod. Emote di Dor*

Dorn Emote button control fauce

Ducha teléfono
mod. Verona de Roca.

Doccia telefono
mod. Verona di Roca.

Roca Verona Mod.
hand-held shower

Caño de pared de Roca.

Tubo a muro di Roca.

Roca shower arm.

Ducha teléfono
mod. Verona de Roca.

Doccia telefono
mod. Verona di Roca.

Roca Verona Mod.
hand-held shower.

Ducha teléfono
mod. Florentina de Roca.

Doccia telefono
mod. Florentina di Roca.

Roca Florentina Mod.
hand-held shower.

Mezclador mod. Verona
de Roca.

*Miscelatore mod. Verona
di Roca.*

Roca Verona Mod.
dual control faucet.

Mezclador mod.
Florentina de Roca.

Mezclador
mod. Florentina de Roca.

Mezclador mod.
Florentina de Roca.

*Miscelatore
mod. Florentina di Roca.*

Roca Florentina Mod.
dual control faucet.

Roca Florentina Mod.
dual control faucet.

Mezclador
mod. Florentina de Roca.

*Miscelatore
mod. Florentina di Roca.*

Roca Florentina Mod.
dual control faucet.

Mezclador mod. Medio
de Roca.

*Miscelatore mod. Medio
di Roca.*

Roca Medio Mod. single
control faucet.

Mezclador mod. Verona
de Roca.

*Miscelatore mod. Verona
di Roca.*

Roca Verona Mod.
dual control faucet.

Mezclador mod. Brava
de Roca.

*Miscelatore mod. Brava
di Roca.*

Roca Brava
Mod. dual control faucet.

Mezclador mod. Florentina
de Roca.

*Miscelatore mod. Florentina
di Roca.*

Roca Florentina Mod.
dual control faucet.

Mezclador mod. Amura de Roca.

Miscelatore mod. Amura di Roca.

Roca Amura Mod. dual control faucet

Mezclador mod. Lógica de Roca. *Miscelatore mod. Lógica di Roca.* Roca Lógica Mod. single control faucet.

Mezclador mod. Monomando M2 de Roca. *Miscelatore mod. Monomando M2 di Roca.* Roca a M2 Mod. single control faucet.

Mezclador mod. Monojet de Roca.

Miscelatore mod. Monojet di Roca.

Roca Monojet Mod. single control faucet.

Mezclador mod. Monodín de Roca. *Miscelatore mod. Monodín di Roca.* Roca Monodin Mod. single control faucet.

Mezclador mod. Victoria Plus de Roca.

Miscelatore mod. Victoria Plus di Roca.

Roca Victoria Mod. single control faucet.

Mezclador mod. Victoria de Roca. *Miscelatore mod. Victoria di Roca.* Roca Victoria Mod. single control faucet.

Grifo giratorio mod. Panamá de Roca.

Rubinetto mod. Panamá di Roca.

Roca Panamá Mod. swivel faucet.

Mezclador electrónico mod. Amura de Roca.

Miscelatore mod. Amura di Roca.

Roca Amura Mod. electronic control faucet.

Grifería de baño y ducha
mod. Verona de Roca.

*Rubinetteria per bagno e doccia
mod. Verona di Roca.*

Roca Verona Mod. dual control tub
faucet and hand-held shower.

Monomando
mod. Modena de Roca.

*Monocomando
mod. Modena di Roca.*

Roca Modena Mod.
single control faucet.

Grifo con palanca
mod. Atai de Roca.

*Rubinetto a leva
mod. Atai di Roca.*

Roca Atai Mod.
lever control faucet.

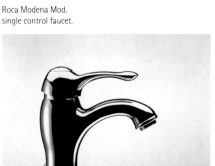

Mezclador con caño giratorio
mod. Lógica de Roca.

*Monocomando con tubo girevole
mod. Lógica di Roca.*

Roca Lógica Mod. single control
swivel faucet.

Mezclador con caño giratorio
mod. Panamá de Roca.

*Miscelatore con tubo girevole
mod. Panamá di Roca.*

Roca Panamá Mod.
double control swivel faucet.

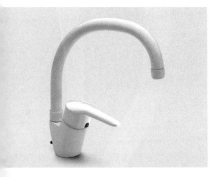

Monomando con tubo
giratorio mod. Lógica de Roca.

*Monocomando con tubo
girevole mod. Lógica di Roca.*

Roca Lógica Mod.
single control swivel faucet

Monomando con tubo
giratorio mod. Lógica de Roca.

*Monocomando con tubo
girevole mod. Lógica di Roca.*

Roca Lógica Mod.
single control swivel faucet

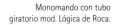

535

Mezclador mod. Square
de Villeroy.

*Miscelatore mod. Square
di Villeroy.*

Villeroy Square
Mod. double control faucet.

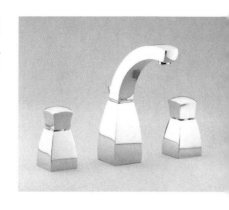

Grifería de repisa
mod. Square de Villeroy.

*Rubinetteria a mensola
mod. Square di Villeroy.*

Villeroy Square Mod.
double control basin-ledge faucet.

Grifería de repisa
mod. Square de Villeroy.

*Rubinetteria a mensola mod. Square
di Villeroy.*

Villeroy Square Mod.
double control basin-ledge faucet.

Grifería de repisa
mod. Circle de Villeroy.

*Rubinetteria a mensola
mod. Circle de Villeroy.*

Villeroy Circle Mod.
single control faucet.

Monomando
mod. Circle de Villeroy.

*Monocomando
mod. Circle di Villeroy.*

Villeroy Circle Mod.
single control faucet.

Monomando
od. Circle de Villeroy.

*onocomando
od. Circle di Villeroy.*

lleroy Circle Mod.
ngle control faucet.

Grifería de repisa
mod. Circle de Villeroy.

*Rubinetteria a mensola
mod. Circle di Villeroy.*

Villeroy Circle 5 Mod. double
control basin-ledge faucet.

Monomando
mod. Meta de Dornbracht.

*Monocomando
mod. Meta di Dornbracht.*

Dornbracht Meta Mod.
single control faucet.

Griferia de lavabo y ducha
mod. Tectron de Grohe.

*Rubinetteria per lavandino e
doccia mod. Tectron di Grohe.*

Grohe Tectron Mod. sink faucet
and shower head.

Monomando
mod. Eurosmart de Grohe.

*Monocomando
mod. Eurosmart di Grohe.*

Grohe Eurosmart Mod.
single control faucet.

Monomando con palanca de cristal
mod. Ectos de Grohe.

*Monocomando a leva di vetro
mod. Ectos di Grohe.*

Grohe Ectos Mod.
single control glass lever faucet.

Bañeras / *Vasche*
Bathtubs

Las bañeras modernas presentan una intención lúdica tan manifiesta que la cuestión de la higiene parece relegada a un segundo plano. El equivalente sería el balneario familiar y el culto al cuerpo en un derivado de la ciencia de la salud. Las bañeras se presentan empotradas, adosadas a la pared o exentas. Las minipiscinas son un paso más hacia el ensueño, junto a las prestaciones del hidromasaje o la musicoterapia en algunas soluciones. Los materiales (porcelana, hierro fundido o acrílicos) se moldean para adoptar cualquier forma, por más caprichosa que parezca. Por su parte, los acabados se reparten la misión de garantizar la seguridad del usuario.

Le vasche moderne si presentano con un aspetto così ludico che l'igiene sembra quasi relegata a un secondo piano. L'equivalente sarebbe il balneario famigliare e il culto del corpo in un derivato della scienza della salute. Le vasche si presentano a muro, attacate alla parete o separate. Le minipiscine costituiscono un ulteriore passo avanti verso il paradiso del benessere, insieme alle prestazioni che possiamo trovare in alcune soluzioni come ad esempio l'idromassaggio o la musicoterapia. I materiali (porcellana, ferro battuto o acrilico) vengono modellati fino ad ottenere ogni tipo di forma, anche le più impensabili. Per ciò che riguarda le rifiniture invece hanno il compito di garantire la sicurezza dell'utente.

Modern bathtubs are so playful that the question of hygiene seems to take second place. The equivalent would be a family spa, with the body cult a derivative of the science of health. Bathtubs are sunken, fitted, attached to the wall, or freestanding. Mini-pools are just one more step toward the dream, along with hydromassage or musical therapy in some styles. The materials (porcelain, cast iron, or acrylics) are molded to adopt any shape, no matter how capricious. The role of the finishes, apart from the aesthetic, is to guarantee the users' safety.

En página anterior
modelo de Laufen.

*Nella pagina precedente
modello di Laufen.*

Previous page:
Laufen Mod.

Bañera oval de Hoesch.

Vasca ovale di Hoesch.

Hoesch oval bathtub.

Mod. Veranda com biombo Curas.

Mod. Veranda con mampara Curas.

Curas Veranda Mod. with screen.

Mod. Aruba de Roca.

Mod. Aruba di Roca.

Roca Aruba Mod.

Mod. Varadero de Roca.

Mod. Varadero di Roca.

Roca Varadero Mod.

Mod. Waikiki de Roca.

Mod. Waikiki di Roca.

Roca Waikiki Mod.

Mod. Bali de Roca.

Mod. Bali di Roca.

Roca Bali Mod.

Mod. Waitara angular direita, de Roca.

Mod. Waitara angolare destra di Roca.

Roca Waitara Mod.

Mod. Waitara angular esquerda, de Roca.

Mod. Waitara angolare sinistra di Roca.

Roca Waitara Mod.

Mod. Hawai con dos respaldos de Roca.

Mod. Hawai con due spalliere di Roca.

Roca Hawai Mod.

Mod. Fragata de Roca.

Mod. Fragata di Roca.

Roca Fragata Mod.

Mod. Qualia de Roca.

Mod. Qualia di Roca.

Roca Qualia Mod.

Mod. Miami de Roca.

Mod. Miami di Roca.

Roca Miami Mod.

Mod. Catamarán de Roca.

Mod. Catamarán di Roca.

Roca Catamaran Mod.

Mod. Levante de Roca.

Mod. Levante di Roca.

Roca Levante Mod.

Mod. Sureste de Roca.

Mod. Sureste di Roca.

Roca Sureste Mod.

Mod. Genova de Roca.

Mod. Genova di Roca.

Roca Genova Mod.

Mod. Karmine de Roca.

Mod. Karmine di Roca.

Roca Karmine Mod.

Mod. Athica con pies
cromados de Roca.

*Mod. Athica con piedini
cromati di Roca.*

Roca Athica Mod.
with chromed legs.

Bañera de Roca.

Vasche di Roca.

Roca Mod.

Mod. Miami de Roca.

Mod. *Miami di Roca.*

Roca Miami Mod.

Mod. Akira de Roca.

Mod. *Akira di Roca.*

Roca Akira Mod.

Mod. Wing de Roca.

Mod. *Wing di Roca.*

Roca Wing Mod.

Mod. Malibu de Roca.

Mod. *Malibu di Roca.*

Roca Malibu Mod.

Mod. Continental de Roca.

Mod. Continental di Roca.

Roca Continental Mod.

Mod. Haití de Roca.

Mod. Haití di Roca.

Roca Haiti Mod.

Mod. Swing de Roca.

Mod. Swing di Roca.

Roca Swing Mod.

Mod. Malibú de Roca.

Mod. Malibú di Roca.

Roca Malibu Mod.

Bañaseo Contesa de Roca.

Bagnetto Contesa di Roca.

Roca Contesa Mod.

Mod. Duet de Roca.

Mod. Duet di Roca.

Roca Duet Mod.

Minipiscina Holiday de Roca.

Minipiscina Holiday di Roca.

Roca Holiday Mod.

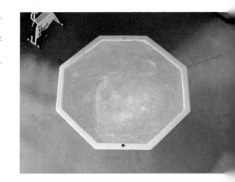

Minipiscina Be Happy de Roca.

Minipiscina Be Happy di Roca.

Roca Be Happy mini-pool.

Mod. Swing de Roca.

Mod. Swing di Roca.

Roca Swing Mod.

Mod. Haiti 2000 de Roca.

Mod. Haiti 2000 di Roca.

Roca Haiti 2000 Mod.

Mod. Catamarán de Roca.

Mod. Catamarán di Roca.

Roca Catamaran Mod.

Mod. Waitara de Roca.

Mod. Waitara di Roca.

Roca Waitara Mod.

Mod. Qualia de Roca.

Mod. Qualia di Roca.

Roca Qualia Mod.

Mod. Genova de Roca.

Mod. Genova di Roca.

Roca Genova Mod.

Mod. Veranda de Roca.

Mod. Veranda di Roca.

Roca Veranda Mod.

Mod. Levante de Roca.

Mod. Levante di Roca.

Roca Levante Mod.

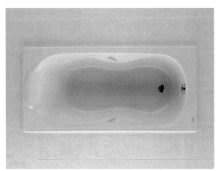

Mod. Genova de Roca.

Mod. Genova di Roca.

Roca Genova Mod.

Modelo bali de Roca

Mod. Bali di Roca.

Mod. Bali, de Roca.

Mod. Jamaica de Roca.

Mod. Jamaica di Roca

Roca Jamaica Mod.

Mod. Varadero de Roca.

Mod. Varadero di Roca.

Roca Varadero Mod.

Mod. Duet de Roca.

Mod. Duet di Roca.

Roca Duet Mod.

Mod. Veranda de Roca.

Mod. Veranda di Roca.

Roca Veranda Mod.

Bañera ovalada exenta de Hoesch.

Vasca ovale separata di Hoesch.

Hoesch oval bathtub.

Bañera ovalada de pared de Hoesch.

Vasca ovale a muro di Hoesch.

Hoesch oval bathtub with wall attachment.

Bañera y ducha en un espacio
aparte del resto del baño.

*Vasca e doccia in un'area
appartata dal resto del bagno.*

Freestanding tub
with hand-held shower.

Bañera antigua de época similar a los
modelos que fueron usuales en el siglo XIX.

*Vasca antica d'epoca simile ai
modelli che si usavano nel XIX secolo.*

Nineteenth-century style bathtub.

Una antigua bañera de fundición restaurada y
una batería con mandos de porcelana
rememoran los legendarios baños de balneario.

*Una vasca antica in ghisa restaurata e una
batteria con comandi di porcellana
che ricordano i leggendari bagni di un balneario.*

An old cast iron bathtub
and set of porcelain-handled accessories.

Duchas / *Docce*
Showers

Tomar una ducha ya no es una actividad higiénica que se realiza a toda prisa sino una ocasión más de procurarse un placer realizando una actividad equivalente a una sesión de ejercicio físico. Las nuevas cabinas de hidromasaje o sauna llevan al hogar los cuidados que hasta hace poco eran propios de los centros de belleza, ocupando el mismo espacio que una ducha convencional. Las ventajas se encuentran en su interior, en toda una jerarquía de mandos para emitir diferentes modalidades de flujos acuáticos que masajean el cuerpo aquí y allá hasta lograr una sensación de bienestar general. Los platos de ducha juegan a reducir su grosor con materiales muy resistentes y sin merma de la seguridad imprescindible.

Farsi la doccia non è più solo una semplice attività di pulizia che si realizza velocemente ma una occasione in più per procurarsi un piacere realizzando una attività equivalente a una sessione di esercizio fisico. Le nuove cabine di idromassaggio o sauna portano a casa le cure corporee che fino a qualche tempo fa erano esclusiva dei centri di bellezza, senza occupare più spazio di una doccia convenzionale. I vantaggi si trovano all'interno della doccia, dove troviamo una serie di comandi che consentono di selezionare, a piacere, diverse modalità di flussi d'acqua che massaggiano il corpo fino a dare una sensazione di benessere generale. I piatti della doccia riducono il loro spessore con materiali molto resistenti senza dimenticare la sicurezza.

Taking a shower is no longer a hygienic activity done in haste but one more occasion to enjoy the pleasure of something that is the equivalent of a physical exercise session. The new hydromassage or sauna cabins bring to the home the luxuries that until only a short time ago belonged to beauty centers, occupying the same space as a conventional shower. The advantages are to be found in their interior, in a whole hierarchy of controls for different types of water pressures and flows that massage different body parts until a sensation of general wellbeing has been achieved. The shower plates reduce their thickness through the use of highly resistant materials without any loss in all-important personal safety.

En página anterior
Mod. Network de Magma.

Nella pagina precedente
Mod. Network di Magma.

Previous page:
Magma Network Mod.

Detalle del borde del plato Network.

Dettaglio del bordo del piatto Network.

Detail, Network plate edge.

Columna de hidromasaje
Aquakit Comfort de Roca.

*Colonna di idromassaggio
Aquakit Comfort di Roca.*

Roca Aquakit Comfort
hydromassage column.

Detalle la columna Aquakit.

Dettaglio la colonna Aquakit.

Detail, Aquakit column.

Cabina de hidrosauna
Aquakit Plus Ducha de Roca.

*Cabina di idrosauna
Aquakit Plus Ducha di Roca.*

Roca Aquakit Plus Ducha
hydrosauna cabin.

Cabina de
hidromasaje mod.
Aquatech S de Roca.

*Cabina di
idromassaggio mod.
Aquatech S di Roca.*

Roca hydromassage
cabin.

Cabina de hidromasaje
de Roca.

*Cabina di idromassaggio
di Roca.*

Roca hydromassage
cabin.

Cabina de hidromasaje
mod. Aquatech Club
de Roca.

*Cabina di
idromassaggio
mod. Aquatech Club
di Roca.*

Roca Aquatech Club
Mod. hydromassage
cabin.

Mampara Quartz
para plato de ducha
mod. Paradise de Roca.

*Mampara Quartz
per piatto doccia
mod. Paradise di Roca.*

Roca Paradise Mod.
hydromassage column
with screen plate.

Mampara Quartz para
plato mod. Malta
angular de Roca.

*Mampara Quartz pe
piatto mod. Malta
angular di Roca.*

Roca MR quartz
screen plate corner-
fitted shower.

Cabina de hidromasaje
Aquakit Basic de Roca.

*Cabina di idromassaggio
Aquakit Basic di Roca.*

Roca Aquakit Basic
hydromassage cabin.

Columna de hidromasaje para
bañera Aquakit Comfort de Roca.

*Colonna di idromassaggio per
vasca Aquakit Comfort di Roca.*

Roca Aquakit Comfort
hydromassage column
for bathtubs.

Cabina mod. Aquakit Plus
Vapor de Roca.

*Cabina mod. Aquakit Plus
Vapor di Roca.*

Roca Aquakit Plus Vapor
Mod. cabin.

Columna hidromasaje
de rincón Aquakit de Roca.

*Colonna idromassaggio
ad angolo Aquakit di Roca.*

Roca Aquakit corner-fitted
hydromassage column.

Mampara mod. Supra L2 de Roca.

Mampara mod. Supra L2 di Roca.

Roca Supra L2 Mod. hydromassage screen.

Mampara Quartz MR de Roca.

Mampara Quartz MR di Roca.

Roca MR quartz screen plate
corner-fitted shower.

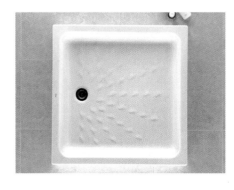

Plato de ducha
mod. Notario de Roca.

Piatto doccia
mod. Notario di Roca.

Roca Notario Mod.
shower plate.

Plato de ducha extraplano
mod. Flamingo de Roca.

Piatto doccia ultrapiatto mod.
Flamingo di Roca.

Roca Flamingo Mod.
ultra-thin shower plate.

Plato de ducha extraplano
mod. Opening de Roca.

*Piatto doccia ultrapiatto
mod. Opening di Roca.*

Roca Opening Mod.
ultra-thin shower plate.

Plato de ducha extraplano
mod. Veranda de Roca.

*Piatto doccia ultrapiatto
mod. Veranda di Roca.*

Roca Veranda Mod.
ultra-thin shower plate.

Iluminación / *Illuminazione*
Lighting

Las luces del cuarto de baño se diseñan para crear un ambiente agradable en la estancia combinándose con unos puntos de luz concretos cerca del espejo. Éstos tienen que ser precisos pero también embellecedores. Los apliques son la solución más usual para el baño, unas veces con halógenas y otras con focos convencionales. La temporada permite incorporar "locuras" heredadas del estilo liberty pasada por el cedazo de nuevos materiales. Una artesanía de lujo con el sello de autor.

Le luci della stanza da bagno devono creare un ambiente gradevole e si devono combinare con alcuni punti di luce concreti vicino allo specchio. Questi punti devono essere precisi, ma devono anche contribuire all'estetica. I faretti sono la soluzione più comune per il bagno, a volte sono alogeni e altre sono semplici faretti convenzionali. La stagione attuale consente di incorporare "pazzie" ereditate dallo stile liberty rivisitate utilizzando nuovi materiali. Un artigianato di lusso con il marchio d'autore.

Bathroom lighting is designed to create a pleasant environment in the space, combining it with chosen spotlights in the area of the mirror. These spots must be precise but at the same time embellishing elements. Appliqués are the most common solution in the bathroom, sometimes in the form of halogen lamps, others in the form of conventional spotlights. The trend permits the incorporation of crazes inherited from *lo stile Liberty* passed through the sieve of today's new materials. Deluxe artisanship with the author's seal of approval.

En página anterior
Mod. Quadri de Tulli.

*Nella pagina precedente
Mod. Quadri di Tulli.*

Previous page:
Tulli Quadri 1 Mod.

Aplique mod. Ab
de Teo-Gaia/Elledue.

*Faretto a muro mod. Ab
di Teo-Gaia/Elledue.*

Teo-Gaia/Elledue Ab Mod.
accent lamp.

Apliques
Dicros I de Roca.

Faretti a muro
Dicros I di Roca.

Roca Dicros I
accent lamps.

Foco de Roca.

Faretto di Roca.

Roca focus.

Apliques Veranda
de Roca.

Faretti a muro
Veranda di Roca.

Roca Veranda
accent lamps.

Foco de Roca.

Faretto di Roca.

Roca focus.

Apliques Delta de Roca.

Faretti a muro Delta di Roca.

Roca Delta accent lamps.

Lámpara con pantalla
de cristal de Elledue.

*Lampada con paralume
di vetro di Elledue.*

Elledue downlighting accent
lamps with glass screen.

Detalle de una lámpara
Elledue.

*Dettaglio di una lampada
Elledue.*

Detail, Elledue
downlighting lamp.

Aplique de tocador de Elledue.

Faretto di tavolino di Elledue.

Elledue downlighting accent
lamps with glass screen.

Mod. Lava Bath Roll de Alchemy.

Mod. Lava Bath Roll di Alchemy.

Alchemy Lava Bath Roll Mod.

Mod. Lava V-Sconce de Alchemy.

Mod. Lava V-Sconce di Alchemy.

Alchemy Lava V-Sconce Mod.

Mod. Fallen Leaves de Alchemy.

Mod. Fallen Leaves di Alchemy.

Alchemy Fallen Leaves Mod.

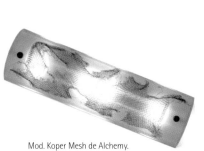

Mod. Koper Mesh de Alchemy.

Mod. Koper Mesh di Alchemy.

Mod. Koper Mesh de chez Alchemy.

Mod. Twilight Glass de Alchemy.

Mod. Twilight Glass di Alchemy.

Alchemy Twilight Glass Mod.

Mod. Fallen Leaves Pendant de Alchemy.

Mod. Fallen Leaves Pendant di Alchemy.

Mod. Fallen Leaves Pendant, de Alchemy.

Mod. Tribe Torciere de Alchemy.

Mod. Tribe Torciere di Alchemy.

Mod. Tribe Torciere, de Alchemy.

Mod. Copper Mesh Pendant de Alchemy.

Mod. Copper Mesh Pendant di Alchemy.

Mod. Copper Mesh Pendant, de Alchemy.

Mod. MacMurphy de Alchemy.

Mod. MacMurphy di Alchemy.

Mod. MacMurphy, de Alchemy.

Mod. Lava Cienaga Pendant de Alchemy.

Mod. Lava Cienaga Pendant di Alchemy.

Mod. Lava Cienaga Pendant, de Alchemy.

Focos de tocador serie
Zodiaco de Copat.

*Faretti per tavolino serie
Zodiaco di Copat.*

Copat Zodiaco vanity lights.

Detalle de los focos Copat.

Dettaglio dei faretti Copat.

Detail, Copat vanity lights.

Mod. Nagano 1 de Villeroy.

Mod. Nagano 1 di Villeroy.

Villeroy Nagano 2 Mod.